Übungsreihen für Geistigbehinderte
Lehrgang B: Sprache (Grundlagen)

Werner Günthner

Lesen und Schreiben an der Schule für Geistigbehinderte

Grundlagen und Übungsvorschläge
zum erweiterten Lese- und Schreibbegriff

Übungsreihen für Geistigbehinderte
– Konzepte und Materialien –
Hrsg. Susanne Dank

Lehrgang B: Sprache (Grundlagen)

Werner Günthner

Lesen und Schreiben an der Schule für Geistigbehinderte

Grundlagen und Übungsvorschläge zum erweiterten Lese- und Schreibbegriff

verlag modernes lernen - Dortmund

Herstellung: Löer Druck GmbH, 44139 Dortmund

Bestell-Nr. 3633 ISBN 3-8080-0432-0

Inhalt

Lesen und Schreiben – eine Form der Kommunikation

Unter dem Einfluß der Sprachwissenschaften, der Pragmalinguistik (Wissenschaft der Sprachverwendung) und der Kommunikationstheorie ergab sich in den zurückliegenden Jahrzehnten ein Wandel (Paradigmenwechsel) in der Auffassung von Lesen und Schreiben.
Über lange Zeit stand die Frage der Aneignung der Lese- und Schreibtechniken im Vordergrund der didaktischen Überlegungen. Der Aspekt der Kommunikation, also der Möglichkeit sich mit Lesen und Schreiben zu verständigen, sich zu informieren und zu orientieren hat zunehmend an Bedeutung gewonnen. Diese Akzentverschiebung eröffnete in der Lese- und Schreibdidaktik bei Schülern mit besonderem Förderbedarf (Schüler mit geistiger Behinderung) in diesen kulturtechnischen Fächern neue Perspektiven.
Lesen und Schreiben ist als materielle Form der Kommunikation zu verstehen, bei der sich die Menschen über grafische Zeichen (Bilder, Buchstaben) miteinander verständigen, in Beziehung treten, Informationen, Gefühle, Bedürfnisse, Wünsche, ... austauschen können.
Lesen und Schreiben ist in einen engen Bezug zur Sprache zu bringen. Gelesenes wird in Sprache verwandelt. Gesprochene Sprache oder Gedanken sind die Grundlage für Geschriebenes. Durch Schreiben strukturiert das Kind u.a. seine Sprache und seine kognitiven Fähigkeiten. Schrift ist eine Form unserer Sprache. Sprache können wir hören, lesen und schreiben. Wir denken in ihr.
Das Kind soll im Lese- und Schreibunterricht die Erfahrung machen, daß es über Schrift, bzw. Bild- oder Wortkarten, die es selbst aktiv in eine bestimmt Anordnung bringt, anderen etwas mitteilen kann.
Die Verknüpfung zwischen den Grundleistungen der Kommunikation wird in der nachfolgenden Übersicht deutlich. Indem wir im Unterricht die Kompetenzen der Schüler in den beiden schriftlichen Feldern zu steigern versuchen, erweitern sich die kommunikativen Möglichkeiten der Schüler. Der Schüler ist in der Verständigung, im Austausch mit der Umwelt nicht mehr nur auf den mündlichen Teil der Kommunikation begrenzt.

Vier Grundleistungen der Kommunikation

	produktiv	*rezeptiv*
mündlich	sprechen	hören
schriftlich	schreiben	lesen

Quantitative Zunahme der geschriebenen Sprache

Ein weiteres Phänomen der Kommunikationsgesellschaft gilt es zu berücksichtigen: Die Ausweitung des Sekundärsystems in der Kommunikation. Was ist darunter zu verstehen? Zur Verdeutlichung finden Sie untenstehend stichwortartig die beiden Systeme dargestellt.

Primärsystem der Kommunikation	**Sekundärsystem der Kommunikation**
Gesprochene Sprache Mimik, Gestik, Gebärden, Körpersprache	Grafische Zeichen Bilder, Bildzeichen, Schrift
Verbale und nonverbale Kommunikation	„Schriftliche" Kommunikation
Wird akustisch und visuell realisiert	Wird visuell realisiert
Direkte, unmittelbare Kommunikation	Indirekte, mittelbare Kommunikation

Es wird zwar weiterhin überwiegend verbal kommuniziert. Untersuchen wir aber die Kommunikations- und Interaktionsformen eines Menschen im ausgehenden 20. Jahrhundert, fällt eine gewisse Verlagerung zum Sekundärsystem deutlich auf.
Mit der Einführung des Buchdruckes durch Johann Gutenberg (15. Jahrhundert) begann die immer weiter zunehmende Hinwendung zur geschriebenen Sprache. Im derzeitigen multimedialen Zeitalter kommt ein Mensch im mitteleuropäischen Kulturraum kaum mehr ohne die Fähigkeiten im Sekundärsystem aus. Konsequenzen für die Schule: Neben der Förderung der Schüler im verbalen/nonverbalen Bereich, ist die Einführung in das Lesen und Schreiben von visuellen Informationszeichen, hier speziell von Bildern, Bildzeichen und Buchstaben unerläßlicher Lern- und Bildungsinhalt.
Daß der sekundäre Bereich der Kommunikation in unserer Zeit zugenommen hat und immer mehr zunimmt, erleben wir tagtäglich im Straßenverkehr, auf Bahnhöfen, in Kaufhäusern, kurz in der gesamten Öffentlichkeit. Wir treffen auf eine zunehmende Zahl von Zeichen, Schildern, Signalen und Symbolen mit kommunikativem Charakter oder einer hinweisenden Funktion. Zum Teil bestehen diese Zeichen aus Signalen, aus Piktogrammen (Bildzeichen), also aus schematisierten, vereinfachten Teilabbildungen von Gegenständen oder menschlichen Gestalten, die bei Alltags-

handlungen eine Rolle spielen. Desweiteren finden wir eine große Anzahl von Signalwörtern, die uns bei der Orientierung in der Öffentlichkeit helfen.
Wir entnehmen zur Bewältigung unseres Alltags, in der Kommunikation und Interaktion, immer mehr Informationen den Bildern, Bildzeichen und Signalwörtern unserer Umwelt.
Schüler, die die bildhaften, piktografischen und schriftlichen Zeichen und Signale der Umwelt entdecken, interpretieren und darauf adäquat reagieren können, erweitern somit ihre Handlungskompetenz und vergrößern ihre Selbständigkeit in ihren Lebensfeldern.
Fertigkeiten und Kenntnisse im Lesen und Schreiben tragen zur Normalisierung und zur sozialen Eingliederung der Menschen mit Lernschwierigkeiten bei.
Unter Berücksichtigung der drei Axiome (als richtig anerkannter Grundsatz, der keines Beweises bedarf)

→ *Lesen und Schreiben sind Formen der Kommunikation;*
→ *unser Informations- und Mitteilungsbedürfnis befriedigen wir immer mehr mit Bildern und Bildzeichen;*
→ *neben den Buchstaben stehen uns auch andere grafische Notationssysteme zum Schreiben zur Verfügung;*

sind wir geradezu gezwungen, das Lese- und Schreibverständnis um bildhafte und grafische Zeichen zu erweitern.
Diesem Sachverhalt wurde in den Bildungsplänen der Schule für Geistigbehinderte mit dem *erweiterten Lesebegriff* und dem *erweiterten Schreibbegriff* Rechnung getragen.
Bevor ich auf das Lesen und Schreiben im Detail eingehe, möchte ich die Bedeutung der Kulturtechniken für den Schüler aber auch für die Eltern darstellen.

Bedeutung des Lesens und Schreibens für Menschen mit geistiger Behinderung

Lesen und Schreiben fördert die Kommunikation und Interaktion mit der Umwelt. Der lesende Mensch tritt aus der eher passiven Rolle heraus und kann mit seinen Lesekompetenzen verstärkt aktiv am gesellschaftlichen Leben teilnehmen. Hierfür sollen die Kinder Bilder, Bildzeichen und Schrift als Kommunikationsmittel und als Informationsquelle entdecken.
Neben der kommunikativen Funktion, trägt Lesen und Schreiben auch zur sprachlichen Bildung des Kindes bei. Hierdurch läßt sich die Gesamtpersönlichkeit fördern. Das Kind ist im Lese- und Schreibprozeß gedanklich (kognitiv) und schöpferisch-gestaltend (eigene Texte verfassen) aktiv. Die Kenntnis und die Verwendung der Schrift fördern insgesamt die geistige, emotionale und soziale Entwicklung.

Vor allem durch Schreiben (Aneinanderfügen von Buchstaben, bzw. Bild- und Wortzeichen) erweitern sich die Ausdrucksmöglichkeiten des Kindes. Durch Schreiben gewinnt das Kind erweiterte Einsichten in die Struktur und die Funktion der Sprache.
Die Selbständigkeit und Unabhängigkeit in der Familie, der Schule, in der nahen und weiteren Umwelt, jetzt und in der Zukunft erhöht sich mit dem Grad der Lese- und Schreibfertigkeit.
Lesen und Schreiben erweitert die Handlungskompetenzen der Menschen. Bildern, Schildern, Hinweistafeln können Handlungsanweisungen und Handlungshilfen entnommen werden, was das selbständige Zurechtfinden und Orientieren in der Öffentlichkeit enorm fördert.
Lesen und Schreiben steigert das Selbstbewußtsein. Das Kind ist stolz, wenn es die gesellschaftlich hoch angesehenen Fertigkeiten wie Lesen und Schreiben beherrscht, und sei es auch nur in Teilbereichen. Es bemerkt, wie diese Leistungen von der vertrauten Umwelt (Familie) honoriert und verstärkt werden.
Neben dem lebenspraktischen Aspekt der Informationsbeschaffung stellt vor allem das Lesen eine Form der Freizeitbeschäftigung, der Entspannung, der Abwechslung dar.
Die Bereiche der Phantasie und der Kreativität sind besonders durch fiktive Texte (Geschichten, Gedichte, Erzählungen, Märchen, ...) anzuregen und zu fördern.
Viele behinderte Kinder erleben Lesen und Schreiben bei ihren Geschwistern und möchten sich demzufolge auch mit diesen Fertigkeiten beschäftigen. Hieraus erwächst eine entsprechende Motivation für diese Tätigkeiten.
Zu einer möglichst umfassenden Selbständigkeit als Erwachsener gehört, daß man als Schüler mit grundlegenden Ansätzen des Lesens und Schreibens vertraut gemacht wird. Lesen und Schreiben gehört zur Lebensqualität eines Kindes, des Jugendlichen und des Erwachsenen.
Durch den Erwerb von Kenntnissen in diesem kulturtechnischen Bereich wird das Kind/der Jugendliche umfassender auf das Erwachsenwerden und das Erwachsensein, auf das Wohnen und Arbeiten vorbereitet.

Bedeutung der Kulturtechniken für die Eltern

Immer wieder erleben wir, daß Eltern von Kindern mit besonderen Förderbedürfnissen zum Teil sehr vehement fordern, daß ihr Kind in die grundlegenden Lese- und Schreibfähigkeiten eingeführt wird.
Lesen und Schreiben (und auch Mathematik) sind nach wie vor, und in Zukunft sicher noch weiter zunehmend, die Bereiche, die mit einem bestimmten, gesellschaftlich hocherwünschten Prestige in Verbindung gebracht werden. Schule ist nicht nur eine „Aufbewahrstätte“, sie hat die

Aufgabe in diesen gesellschaftlich anerkannten und gewünschten Bereichen die Kinder zu fördern und sie weitgehend dem „allgemeinen Standard“ anzunähern, auch wenn es beim Vorliegen einer Behinderung erschwerte Bedingungen sind.
Eltern, die unter Umständen in den ersten Lebensjahren ihres Kindes eine gute Frühförderung, eine angemessene Förderung im Schul- oder Regelkindergarten erfahren haben und auch Entwicklungsfortschritte ihres Kindes erkennen können, erwarten zurecht von der Schule, daß ihr lernbeeinträchtigtes und entwicklungsverzögertes Kind in diesen Bereichen gefördert wird und ein adäquates Lernangebot erhält.
Nach Ansicht der Eltern bedeutet Lesen und Schreiben eine Bereicherung des schulischen Angebotes, das sicherlich auf den lebenspraktischen Bereich schwerpunktmäßig ausgerichtet sein muß, aber nicht nur hier seinen Schwerpunkt sehen darf. „Es darf keine Chance ungenutzt bleiben.“
Menschen mit Behinderung sollen ebenso an den kulturellen Gütern unserer Gesellschaft partizipieren. Wer von den kulturellen Errungenschaften profitieren möchte, muß die Grundfertigkeiten wie Lesen und Schreiben beherrschen. Demzufolge müssen die Fertigkeiten in der Schule vermittelt werden.
Viele Eltern versuchen zum Teil selbst ihrem Kind das Lesen und Schreiben zu vermitteln. Hierbei bemerken sie, daß manches, was in der Schule ausgespart oder nicht angeboten wird, von ihrem Kind gelernt und angeeignet werden kann.
Angefangen beim „Lesen“ eines Bilderbuches, bis hin zum Schreiben einfacher Buchstaben oder des eigenen Namens. Wenn diese Grundfertigkeiten festgestellt werden, wünschen die Eltern, daß dieses durch die Schule weiter vorangetrieben wird. „Wozu schicken wir unser Kind denn in die Schule?“
Der Erwerb der Kulturtechniken gehört selbstverständlich zum Bildungsangebot der Schule. Es gehört zum Prinzip der Normalisierung und der Integration eines Menschen in die Gesellschaft selbstverständlich dazu.
Lesen und Schreiben gehört im allgemeinen Verständnis der Eltern über Schule zum elementaren Bildungsangebot. Selbst wenn geistigbehinderte Kinder ihre Lese- und Schreibfertigkeiten nicht auf Anhieb „sinnvoll“ anwenden können, sollte eine zuversichtlich gestimmte, nicht über- oder unterfordernde und vor allem regelmäßige Förderung in diesen Kulturtechniken erfolgen.
Die Schule sollte nicht von Anfang an Teilaspekte des Lernens ausschließen. Erst wenn ein qualitatives Angebot gemacht wurde und der Lerngewinn sich nicht auf Dauer einstellt, läßt sich beurteilen, ob die Maßnahme im bisherigen Umfang weiter fortgeführt werden soll. Lehrer halten vielerorts den Eltern entgegen, es gäbe z.B. im lebenspraktischen Bereich

Wichtigeres, als den Schülern das Lesen und Schreiben zu vermitteln, oder „die Schüler sind mit diesen hohen Qualitätsanforderungen überfordert". Es handelt sich hier um scheinbare Gegensätze, die in vielen Auseinandersetzungen zwischen Eltern und Lehrern aufeinanderprallen.

Der erweiterte Lesebegriff

Aus Gründen der Übersichtlichkeit finden Sie im Folgenden die Bereiche Lesen und Schreiben getrennt aufgeführt. In der Praxis erlernt das Kind das Lesen und Schreiben parallel. Neben der Sinnentnahme aus Bild- oder Schriftzeichen soll das Kind frühzeitig Möglichkeiten erhalten, selbst zu schreiben, also Gedanken oder Sachverhalte in seinem individuellen Notationssystem zu Papier zu bringen.
Leseunterricht an der Schule für Geistigbehinderte ist nicht begrenzt auf das Erkennen und Deuten von Buchstaben und Schrift.
Der erweiterte Lesebegriff trägt der Tatsache Rechnung, daß die Menschen auch

- Situationen, Personen, Gegenstände,
- Bildern,
- Bildzeichen (Piktogrammen),
- Signalwörtern,
- Ganzwörtern und
- schriftlichen Texten

Bedeutungen und Informationen entnehmen.
Bei der dargestellten Abfolge handelt es sich um eine entwicklungsgesetzmäßige Abfolge (Ontogenese), in der die meisten Kinder unseres Kulturkreises den Weg zum Schrift lesen finden.
Bereits im Säuglingsalter kann ein Kind den vertrauten Personen und den Spielzeugen eine adäquaten Bedeutung entnehmen.
Mit gerade mal 12 Lebensmonaten schauen sich Kinder Bilderbücher mit einzeln abgebildeten Gegenständen an und lernen, diese mit Einwort- und Mehrwortsätzen zu benennen. Eine Sinnentnahme aus Bildern ist also bereits mit ungefähr einem Lebensjahr möglich und ist Zeichen für das sich entwickelnde Symbolbewußtsein.
Noch nicht im Kindergarten, gelingt es vielen Kindern, z.B. das Piktogramm einer Eistüte bei der Eisdiele zu erkennen und leitet daraus richtig ab, daß es hier Eis zu kaufen gibt.
Bevor die Kinder einzelne Buchstaben erkennen, sind sie in der Lage Signalwörter, die in ihren jeweiligen Kontext eingebettet, sind, z.B. Namen von Süßigkeiten, Namen von Markenspielzeugen, Namen von Autofabrikaten, u.ä. sinnentnehmend zu lesen.
Bereits weit vor dem Schuleintritt verfügen nichtbehinderte Kinder zudem über die Fähigkeit Ganzwörter, z.B. den eigenen Namen oder Namen anderer Kinder der Kindergartengruppe sowie „Mama“ oder „Papa“ ganzheitlich zu lesen und richtig zu deuten. Das Lesen dieser Ganzwörter erfolgt weitgehend ohne Kenntnis der einzelnen Buchstaben. Anhaltspunkte sind die Wortgestalt oder einzelne prägnante Buchstaben in dem Wort.

Erst nach diesen Erfahrungen mit Bildern, Bildzeichen, Signal- oder Ganzwörtern erfolgt das „Lesen im engeren Sinne“, nämlich das Erlernen der einzelnen Buchstaben und das Erlesen der Wörter.
Neben der individuellen Entwicklungsgesetzmäßigkeit, entspricht die dargestellte Stufenfolge auch der stammesgeschichtlichen Entwicklung (Phylogenese). Lange vor der Buchstabenschrift benutzte der Mensch Bildzeichen zur Abstraktion der Realität. Von der Hieroglyphenschrift (Wortbilderschrift) führte die Entwicklung über die Silbensymbolschrift (Keilschrift) zu der heute bei uns üblichen Buchstabenschrift (Lautschrift).
Außerdem handelt es sich bei den oben erwähnten Stufen auch um Lesearten, die von Schriftlesern tagtäglich benötigt und genutzt werden. So entnehmen wir Erwachsene ständig Bildern, Bildzeichen und Signalwörtern Informationen. In unserer visuell geprägten Umwelt hat z.B. der quantitative Anteil der Bilder (vor allem auch der bewegten) als Informationsmedium sehr stark zugenommen. Analysieren Sie daraufhin eine Illustrierte, ein politisches Wochenmagazin (Spiegel, Focus!) eine Fernsehzeitung oder Ihre Tageszeitung. Sofern möglich, vergleichen Sie in diesem Zusammenhang Zeitschriften und Zeitungen aus den 50er bzw. 60er Jahren mit den heutigen Ausgaben. Der Bildanteil (dazu gehören auch die Grafiken und Schaubilder) hat in allen Printmedien enorm zugenommen.
Die Lesearten werden im Leselernprozeß vom Kind nicht nur einmal „durchlaufen“ und stellen auch nicht nur die Basis für die nachfolgende Stufe dar. Jede Leseart ist im Kindes und Erwachsenenalter als eine eigenständige Lese- und Informationsmöglichkeit anzusehen und bedarf demnach einer kontinuierlichen Förderung und Ergänzung.
Der erweiterte Leseunterricht „geschieht in Verbindung mit der schrittweisen Eroberung der Umwelt und hat auch eine Berechtigung für Schüler, die im Augenblick noch keinen Zugang zur Buchstabenschrift finden, oder die nicht sprechen können. Im Mittelpunkt dieses Leseunterrichts steht die Suche nach Sinngehalten in allen Bereichen der menschlichen und gegenständlichen Umwelt.
Lesen in der Schule für Geistigbehinderte ist deshalb in einem weiteren Sinne zu verstehen, nämlich als

- wahrnehmen,
- deuten und
- verstehen

von

- konkreten,
- bildhaften,
- symbolhaften und
- abstrakten

Zeichen und Signalen.

Lesenkönnen heißt für den Schüler selbständiges Entnehmen von Inhalten und Informationen

- aus der dinglich-gegenständlichen Wirklichkeit,
- aus der bildlich-dargestellten Wirklichkeit,
- aus der in Schriftzeichen gefaßten Wirklichkeit;

als Impuls für:

- sachgerechtes Verhalten in der Umwelt,
- Interaktion mit der Umwelt,
- eigenes Handeln in der Umwelt

und als Möglichkeit, die eigene Vorstellungs- und Erlebniswelt zu erweitern und zu bereichern.“ (Staatsinstitut 1982, S. 201)

Im untenstehenden Schaubild ist die Stufenfolge des erweiterten Lesebegriffs veranschaulicht. Es handelt sich um ein idealtypisches Modell.
Diese scheinbar wohlgeordnete Stufenfolge sieht bei jedem Kind etwas anders. Es kommt auf dem Weg zur Schriftsprache mal zu flachen, dann wieder zu steilen Teilstücken. Plateaus wechseln sich mit Steigungs- und Gefällstrecken ab.
Ein Kind hält sich evtl. längere Zeit bei den Signawörtern auf und gelangt durch einen kurzen Zwischenschritt über die Ganzwörter zur Analyse und zur Synthese.
Ein anderes hingegen verbleibt beim Piktogramm lesen auf einem länger andauernden Plateau und erwirbt zum Abschluß der Schulzeit vielleicht noch einige Signalwörter hinzu.
Unterricht hat im zuletzt genannten Fall im Wesentlichen die Aufgabe, die erworbenen Lesekompetenzen auf dem erreichten Niveau zu halten. An einen Hinzugewinn komplexerer Fähigkeiten kann nur eingeschränkt gedacht werden.
So gut wie alle Schüler erreichen die grundlegende Stufe des Situationslesens. Schüler mit erhöhtem Förderbedarf (schwerbehinderte Schüler) bleiben evtl. zeitlebens auf dieser Stufe und entwickeln sich hier qualitativ weiter. Sie lernen, sich immer wieder auf neue Situationen, Personen, Gegenstände, Räume, einzustellen.
Das Bilder lesen als auch die nachfolgenden Lesearten bleiben diesen Schülern evtl. verschlossen.
Die allermeisten Schüler mit der sog. „Durchschnittsform“ geistiger Behinderung erwerben im Laufe ihrer Entwicklung Fertigkeiten und Fähigkeiten in den Bereichen Bilder, Piktogramme, Signalwörter und Ganzwörter lesen. Diese Kompetenzen werden während der Schulzeit und dem Leben als Erwachsener ständig erweitert und sind auch während des gesamten Lebens von mehr oder weniger großer Bedeutung.
Nur wenige Schüler der Schule für Geistigbehinderte kommen zum Le-

Lesestufen und Lesearten des erweiterten Lesebegriffs

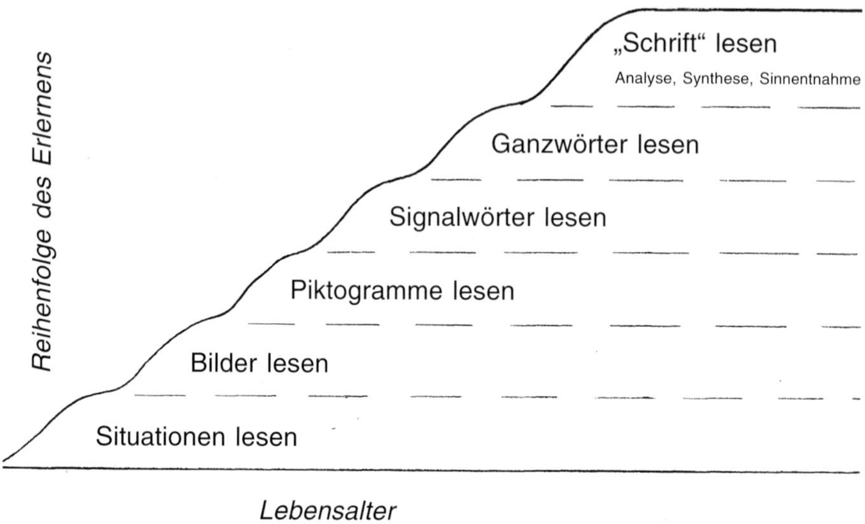

sen der Buchstabenschrift im engen Sinne, also zur Analyse, Synthese und der Sinnentnahme aus fremden Texten.

Für den Lese- und Schreibunterricht bietet die oben aufgezeigte Reihenfolge des Erlernens der Lesearten Anhaltspunkte für mögliche inhaltliche Lernangebote.

In den Bildungsplänen der Schule für Geistigbehinderte findet sich durchgängig diese Reihenfolge.

Hinzuweisen ist auf den erhöhten Übungs-, Wiederholungs- und Transferbedarf, den viele Schüler unserer Schule aufweisen.

Schüler, die bereits eine bestimmte Niveaustufe im Leselernprozeß erreicht haben, benötigen Förderung in zweierlei Richtung. Zum einen, nach vorne. Sie erlernen neue Zeichen, Signalwörter oder Buchstaben und eignen sich deren jeweilige Bedeutung an. Zum anderen, zurück zu den bereits erworbenen Lesearten. Damit die bereits angeeigneten Kenntnisse auch dauerhaft im Gedächtnis verankert bleiben und spontan abrufbar blieben, bedarf es der kontinuierlichen Wiederholung der erlernten Zeichen, Signalwörter, usw. Die aufgeführten Lesearten werden von Stufe zu Stufe abstrakter. Die Wahrnehmung und Sinnentnahme erfordert zunehmende kognitive Fähigkeiten. Beispiel: Ermöglicht das Bild einer Tasse dem Kind noch die unmittelbare Verknüpfung mit der täglich real benutzten Tasse, so ist beim geschriebenen Wort „Tasse“ die Information ausschließlich dem abstrakten Schriftzeichen (das mit der realen Tasse nichts mehr zu tun hat) zu entnehmen.

Organisation des Lese- und Schreibunterrichts

Integrativer Leseunterricht

In einem ganzheitlichen und handlungs- sowie aktivitätsorientierten Unterricht kann das Lesen und Schreiben in den Gesamtunterricht integriert werden *(Integrativer Ansatz).* Die Schüler werden einerseits in den unerläßlichen, lebens-praktischen Bereichen gefördert, also zu einer gewissen Selbständigkeit, Unabhängigkeit, zu einem Selbstvertrauen hingeführt, und erfahren andererseits durch die Elemente des erweiterten Lese- und Schreibunterrichts zugleich eine Förderung in diesem „prestigeträchtigen" kulturtechnischen Bereich.
Beim integrativen Lese- und Schreibunterricht machen die Schüler folgende Erfahrungen: Bei vielen sich bietenden Gelegenheiten ist Lesen und Schreiben fächerübergreifend in den Unterricht integriert. Schrift, Bildzeichen und Bilder sind im Tagesablauf der Schüler immer präsent.
Im Klassenzimmer befinden sich vielerlei Gelegenheiten zum Lesen und Schreiben, z.B. Bilderbücher, Eigenlesebücher mit selbstverfaßten schriftlichen Texten, Jugendzeitschriften, Schreibmöglichkeiten (Stifte, Schreibmaschine, PC, Buchstabenstempel) Bild- und Wortkarten zum Legen von Sätzen, usw.
Die Lehrerin/der Lehrer liest regelmäßig alters- und entwicklungsgemäße Geschichten, Gedichte, Märchen und Rätsel vor (Bestandteil des emotional-affektiven Lese- und Schreibunterrichts).
Die Schüler erhalten Gelegenheit über das Gehörte und Gelesene zu sprechen. Lesen und Schreiben ist Kommunikations- und Sprachförderung.
Im Tagesablauf stehen den Schülern Zeiten der freien Beschäftigung zu, in denen sie sich u.a. auch mit Lesen und Schreiben beschäftigen können.
Die Lehrerin/der Lehrer nutzt viele beiläufige Gelegenheiten um einzelne Schüler für die Lesearten zu sensibilisieren und sich aber auch schriftlich oder bildhaft auszudrücken. Die Schüler gewinnen en passant Einsichten in den Schriftspracherwerb.
Der schriftliche Informationsaustausch zwischen Lehrern und Eltern erfolgt nicht mehr nur „über den Kopf des Kindes hinweg". Vielmehr wird das Kind einbezogen und schreibt (Bilderbrief oder Schrift) die Nachrichten an die Eltern selbst auf. Schreiben und Lesen wird vom Kind in diesem realen und bedeutsamen Feld als Informations- und Kommunikationsmittel erkannt. In einer literalen (von Schrift umgebenen) Umwelt ler-

nen die Schüler, daß Lesen- und Schreiben können etwas Bedeutsames ist, sie selbständiger werden läßt und sie positive Zuwendung durch Mama, Papa, oder die Geschwister erfahren. Diese positiven Rückmeldungen fördern die Motivation und die Anstrengungsbereitschaft (vgl. Kretschmann 1998, S. 308).
Bei den Schülern, die zu Hause keine oder nur eingeschränkte lese- und schreibbezogene Anregungen erfahren, muß die Schule eine kompensatorische Funktion übernehmen.

Fachorientierter Lese- und Schreibunterricht

Bei sich abzeichnenden Kompetenzen des Schülers genügt der integrative Lese- und Schreibansatz allerdings nicht mehr. Durch permanente Beobachtung sind die Schüler zu ermitteln, die voraussichtlich zur Analyse, Synthese und Sinnentnahme aus Sätzen und Texten befähigt sind. Diesen Schülern muß ein weiterführendes Angebot unterbreitet werden um die vorhandenen Fähigkeiten entfalten oder weiterentwickeln zu können. In diesem Fall ist die klassenübergreifende Zusammenstellung leistungshomogener Lerngruppen angezeigt.
In einem lehrgangsartigen Lese- und Schreikurs ist sichergestellt, daß die unterrichtlichen Lernangebote strukturiert und regelmäßig erfolgen. Ein handelsüblicher Leselehrgang kann zu einer klaren und dem Lernen hilfreichen Gliederung verhelfen. Phasen der Neueinführung wechseln mit solchen der Übung, Festigung und des Transfers. Lesen und Schreiben ist bei den homogenen Lerngruppen nicht mehr nur von den Zufälligkeiten des integrativen Ansatzes abhängig.

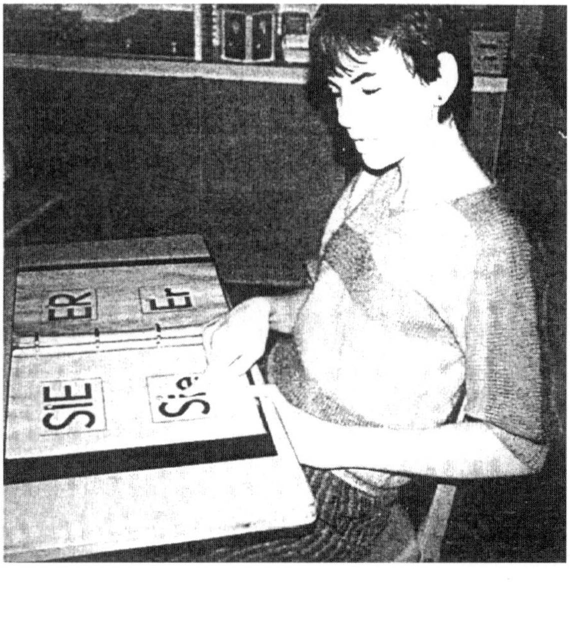

Damit die Schüler ihre vorhandenen Kompetenzen entfalten können, benötigen sie ein kontinuierliches Angebot. Nur durch regelmäßige Lern- und Übungsmöglichkeiten, z.B. 3 mal 60 Minuten pro Woche, kann ein nachhaltiger Lernerfolg sichergestellt werden.

Lesearten des erweiterten Lesebegriffes

Bei der Darstellung des erweiterten Lesebegriffs orientiere ich mich an Hublow (1985), dessen Beschreibung der Lesearten auch heute noch Gültigkeit hat.

Situationen lesen

„Sinn- und Bedeutungsträger (Art des Zeichens):
Handelnde Personen, die sich durch Mimik, durch Gesten, durch Sprechen und/oder Tun ausdrücken.
Bewegte und/oder nicht bewegte Gegenstände
in bekannten Situationen und überschaubaren Abläufen.
Räume und Plätze
Vertraute und fremde *Haustiere*

Beschreibung des Lesevorgangs:
Personen und/oder Gegenstände werden in bestimmten Situationen oder Abläufen wahrgenommen (gesehen, gehört, gefühlt), mit vorher Erlebtem in Beziehung gebracht und wiedererkannt. So entstehen Ereignis- und Sinnerwartungen, die Deutungen ermöglichen, auf nachfolgende Situationen übertragen werden, und Handlungen auslösen.

Erforderliche Voraussetzungen (bzw. Fähigkeiten, die dabei geübt werden können; der Verf.)
Fähigkeit, sich der Außenwelt zuzuwenden, Funktionsfähigkeit der Sinne.
Wahrnehmen, erkennen bzw. wiedererkennen von Personen, Gegenständen, Strukturen, Abläufen der Umwelt.
Merkfähigkeit.
Gefühlsmäßige Ansprechbarkeit, elementare Zeitvorstellungen.

Bedeutung und Nutzen für den Lesenden:
Kann mit anderen Menschen Kontakt aufnehmen. Interessiert sich für die Umwelt.
Beginnt, die Welt zu verstehen.
Kann sich zunehmend richtig und situationsgerecht in der Umwelt verhalten."
(Hublow 1985, S. 8-9)

Beispiele und Übungen zum Situationen lesen

Situationen und handelnde Personen beobachten und nachahmen
Schüler zum Beobachten von Situationen in der Schule, beim Spielen, auf dem Pausenhof, usw. anregen. Ausgehend von kurzen, leicht überschaubaren Situationen, bis hin zu komplexen Handlungen. Schüler beobachten Mitschüler, die Lehrer oder fremde Personen und versuchen diese nachzuahmen, zu imitieren.

Gebärden. Gesten und Mimik
Die Schüler achten auf Mimik und Gebärden und finden deren Bedeutung heraus.
Nachahmung der Personen, der Handlungen und der Mimik mit eigenen mimischen oder gestischen Zeichen. Nichtsprachliches Nachahmen mit Pantomime.
Sich ohne Worte mit alltäglichen Gebärden verständigen: herwinken, grüßen, Zeigefinger vor den Mund für „leise", Handbewegungen für „setzen" und „aufstehen".
Mimik (freundlicher, trauriger, grimmiger, ...) Blick als Ausdruck der psychischen Befindlichkeit.
Dynamische oder „geknickte" Körperhaltungen, um die aktuelle Stimmung darzustellen.

Bewußtes Demonstrieren
Den Schülern alltägliche Handlungen der Selbstversorgung (Hände waschen, Flasche öffnen, Getränke eingießen, mit Serviette den Mund abwischen, usw.) vormachen, betont demonstrieren und die Schüler zum Hinschauen als auch zum Nachahmen anregen.
Hilfreich für die Demonstrationen sind strukturierte und reizarme Situationen. Zum Erlernen alltäglicher Fertigkeiten der Selbstversorgung ist das Demonstrieren und Veranschaulichen notwendig. Alltagspraktische Fertigkeiten erlernt das Kind einerseits durch eigenständiges Erproben und andererseits durch die Imitation. Demzufolge muß ein Vormachen durch die Lehrerin oder kompetente Mitschüler vorangehen.

Rollenspiel
Kommunikations- und Interaktionssituationen in der Öffentlichkeit beobachten und diese im Rollenspiel nachspielen.

Szenische Spiele
Den schulischen und häuslichen Tagesablauf spielen, mit und ohne Worte darstellen.

Ratespiel
Ich sehe was, was du nicht siehst.
Kim-Spiele, Veränderungsspiele

Alle Sinne
Schmeck-, Tast-, Horch- und Riechübungen in den Unterrichtsalltag und in altersgemäße Spiele integrieren.

Die *Bedeutung der Aktivitätsbereiche*
im Klassenzimmer (spielen, arbeiten, essen, ausruhen, Musik hören, usw.) herausfinden und sich daran selbständig orientieren können.

Die *Fachräume*
im Schulhaus kennenlernen und deren Bedeutung mit Gebärden oder sprachlich benennen können. Eine Verknüpfung zu den nachfolgenden Lesearten läßt sich herstellen, wenn an die Türen der Fachräume entweder Fotografien, Bildzeichen oder Signalwörter angebracht werden. Kombinationen (Bildzeichen und Signalwort) begünstigen die Verknüpfung und sensibilisieren die Schüler gleichzeitig für die Schrift.

Akustische Signale
Musikstücke, Gong, usw. mit Signalwirkung für bestimmte Aktivitäten innerhalb der Schule kennenlernen oder mit den Schülern vereinbaren.

Situationen in der Öffentlichkeit
Der Schüler erhält Gelegenheit altersgemäße öffentliche Einrichtungen, z.B. Spielplatz, Freibad, Bolzplatz, Bibliothek, Supermärkte, CD-Läden, usw. zu besuchen und durch vielfältige Begegnungen mit den Räumlichkeiten, aber vor allem durch die darin aktiven Personen herauszufinden, welches Verhalten erwartet und erwünscht ist.
Verkehrssituationen als Fußgänger oder Radfahrer kennenlernen und sich darin adäquat verhalten lernen.

Puppenspiel
Den Schülern Zeit, Raum und Material zur Verfügung stellen, um im Puppenspiel mit verkleinerten Gegenständen und Modellen (Puppenhaus, Bauernhof, Baustelle, Straßenverkehr, Zoo, Supermarkt, usw.) Teilausschnitte der erlebten Realität nachzuspielen.

Video
Alltägliche Situationen mit Video aufzeichnen. Schüler entnehmen dem Video die Bedeutung. Kind- und jugendgerechte Kurzfilme gemeinsam

betrachten und darüber sprechen. Durch den Einsatz von Video läßt sich das Abstraktionsvermögen der Schüler steigern. Die Verknüpfung zum Bilder lesen wird hergestellt. Die meisten Schüler sehen sich gerne im Fernsehen, was die Motivation zum Betrachten bewegter Situationen erhöht.

Gegenstände, Geräte, ... erkunden
Im Unterrichtsalltag und in strukturierten Unterrichtseinheiten erhalten die Schüler vielfältige Gelegenheiten Objekte zu erkunden. Es gilt, den Verwendungszweck und die Funktionsweise von alters- und entwicklungsgemäßen Alltagsgegenständen und Geräten herauszufinden (vergleiche auch: Methodisches Modell der Objekterkundung, in: Fischer 1981, S. 173ff.), um sie adäquat bedienen und nutzen zu können.

Oberbegriffe finden
Realgegenstände werden von den Schülern nach Oberbegriffen sortiert, z.B. Spielsachen, Kleidungsstücke, Musikinstrumente, Bücher, ...
. . .

Bilder lesen

„Sinnträger (Art des Zeichens);
Konkrete Abbildungen von Personen, Gegenständen, Situationen als Einzelbilder oder als Bildfolgen.
Visuell wahrnehmbar, zweidimensional, von festem Blickpunkt aus dargestellt, nicht im Bewegungsablauf. Nicht sprachgebunden, inhaltlich klar, meist allgemeinverständlich, nicht normierungsbedürftig.

Beschreibung des Lesevorgangs:
Aufmerksamkeit richtet sich auf Bilder. Diese werden als Ganzheiten oder im Hinblick auf bestimmte Details aufgefaßt, als Abbilder der Wirklichkeit erkannt und mit der Erlebniswelt in Beziehung gesetzt. So kann der Bedeutungsgehalt unmittelbar erfahren werden.
Bilderreihen werden als „Momentaufnahmen“ einer Handlungskette erkannt und zu Handlungsfolgen verbunden.

Erforderliche Voraussetzungen (bzw. Fähigkeiten, die dabei geübt werden können; der Verf.)
Willkürliche Lenkung der Aufmerksamkeit (Konzentrationsfähigkeit).
Intaktes Sehvermögen.
Erkennen von Personen und Gegenständen in zweidimensionalen Darstellungen.

Bewußtsein, daß Bild für eine Sache steht, die räumlich und zeitlich „abwesend“ sein kann.
Raum- und Zeitvorstellungen, die Einzelbilder als Elemente einer Handlungskette erkennen lassen.
Dargestelltes nachvollziehen können.

Bedeutung und Nutzen für den Lesenden:
Kann unabhängig von Sprachgebrauch und unabhängig von Ort und Zeit Mitteilungen aufnehmen, Erlebnisse erinnern oder gewinnen, Handlungsabläufe verfolgen und nachvollziehen, z.B. bildlich gegebene Gebrauchsanweisungen, Bauanleitungen, usw. verstehen und beachten.
Geschichten in Bilderbüchern ‘lesen’.“
(Hublow 1985, S. 8-9)

Beispiele und Übungen zum Bilder lesen

Realgegenstand
oder Personen den Bildern zuordnen und gegebenenfalls benennen. *(Substanzstadium* in der Bildwahrnehmung: es ist nur ein Gegenstand abgebildet. Gegenstand oder Person wird mit einem Substantiv bezeichnet.)

Handlungen
der Schüler oder anderer Personen auf Bildern erkennen, diese nachahmen und soweit möglich mit einem kurzen Satz bezeichnen. *(Aktionsstadium* in der Bildwahrnehmung: handelnde Personen sind abgebildet. Die Handlung wird mit einem Verb bezeichnet.)

Fotografien
des Schülers auf seinem schulischen Eigentum (Schultasche) oder auf seinem Platz, an seinem Fach anbringen.

Bilderbücher
selbst herstellen, mit Fotografien aus der Klasse, den einzelnen Schülern, der Schulumgebung, der Gemeinde, öffentlichen Gebäuden, Tieren, usw. Geeignet sind Ringordner in DIN A4 oder DIN A5, in denen die Bilder in Klarsichtfolien eingelegt werden können.

Familien-Bilderbuch
mit den Familienmitgliedern und Bildern aus der häuslichen Umgebung.

Foto-Stundenplan
Die schulischen Aktivitäten eines Tages oder einer Woche in der richtigen Reihenfolge ordnen.

Lerngänge zum Bäcker, in den Supermarkt, auf den Spielplatz, usw. fotografisch dokumentieren und die Bilderfolge ordnen.

Fotodokumentation eines Tagesablaufs
der Schüler. Diese liegt im Klassenzimmer aus und kann immer mal wieder vom Schüler allein oder gemeinsam mit ihm betrachtet (gelesen) und verbalisiert werden.

Fotodokumentation der häuslichen Umgebung.
Wo und wie verbringt der Schüler seine Freizeit? Der Schüler nimmt gegebenenfalls den Fotoapparat aus der Schule mit nach Hause. Er kann evtl. selbst fotografieren oder die Eltern helfen dabei. (Die Eltern über das Vorhaben informieren und sie einbeziehen. Freiwilligkeit beachten.) Die Übernahme der Entwicklungskosten ist zwischen Elternhaus und Schule zu vereinbaren. In der Regel übernimmt aber die Schule die Kosten, da es sich um Lehr- und Lernmittel handelt.

Lieblingsposter
von zu Hause mitbringen lassen und diese im Klassenzimmer aufhängen. Die Schüler übernehmen dabei zum Teil die Mitverantwortung für die Gestaltung des Klassenzimmers (Normalisierung!).

Ansichtskarten
sammeln und im Klassenzimmer an der Korkwand anheften. Schüler berichten gegebenenfalls über die abgebildeten Sehenswürdigkeiten.

Bilder-Wandzeitung
zu Ereignissen in der Schule. Fotografieren Sie regelmäßig die Schüler bei unterschiedlichen schulischen Aktivitäten. Stellen sie von Schülern gefertigte Produkte real oder als Fotografie aus. Hieraus ergeben sich vielseitige Gesprächsanlässe zwischen allen Beteiligten (Schüler, Lehrer aber auch den Eltern).

Foto-Klassenjahrbuch
Die Herstellung einer Klassenchronik ist eine motivierende Tätigkeit im Lese- und Schreibunterricht. Eigene Erlebnisse werden dokumentiert, dienen der Erinnerung und gleichzeitig zur Förderung der Fähigkeiten im Lesen und der Kommunikation. Es ist eine Form des Eigenlesebuches, die nicht nur für die Schüler, sondern vor allem die Eltern sehr interessant ist.

Foto-Handlungsabfolgen legen Bilderreihen alltäglicher lebenspraktischer Handlungen oder Bilder-Kochrezepte begünstigen die Motivation der Schüler. Bilderreihen oder Bildergeschichten sollen vor allem dazu beitragen, daß der Schüler verstärkt in Sinneinheiten lesen lernt. Beim Legen der Binder in die richtige Reihenfolge lernt der Schüler nebenbei das Schreiben.

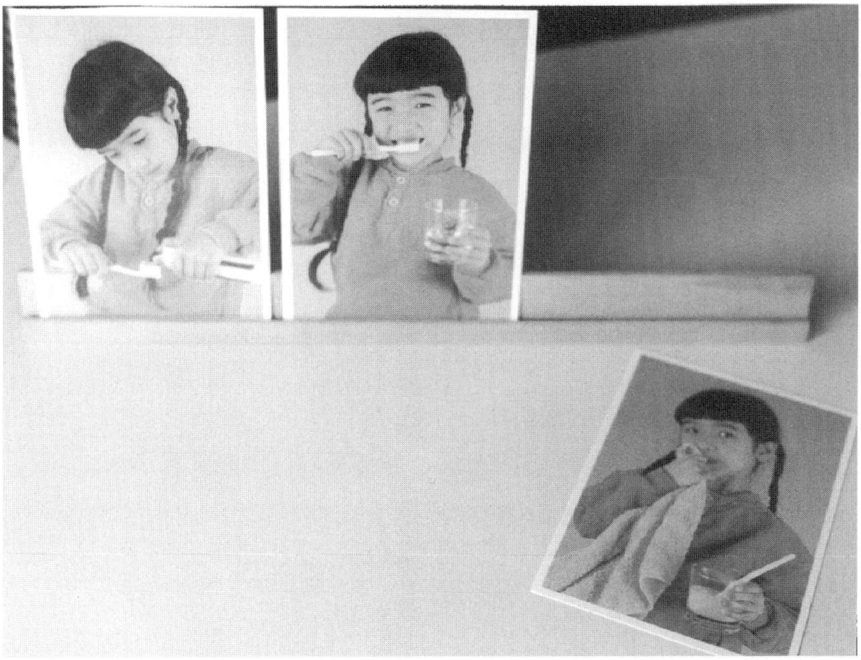

Schubi-Lehrmittel-Bilderfolgen 1

Er stellt eine Sinneinheit mit Hilfe vorgefertigter Bilder richtig dar. Es entsteht eine Ordnung. Nichts anderes geschieht später beim Aneinanderfügen der Buchstaben. Der Unterschied besteht darin, daß es sich in diesem Fall um weniger abstrakte Zeichen, nämlich Bilder, handelt.

Realistische oder fiktive Bildergeschichten,
Nonsens- oder Lügengeschichten ordnen, fehlende Bilder erraten, Bilderfolge vertauschen, usw. Die Schüler lesen die Bilder und entnehmen ihnen einen Sinn, eine Bedeutung, gleichzeitig sind sie literarisch aktiv, sie schreiben mit den Bildern eigene Geschichten.

„Dalli-klick"

Hierbei handelt es sich um ein integriertes Würfel- und Ratespiel. Vor Beginn der Würfelrunde versteckt die Lehrerin unter den Holzsegmenten ein Bild (DIN A 4). Durch Würfeln (Farb- bzw. Mengenwürfel) decken die Schüler nach und nach die Segmente auf.

Die Schüler betrachten die sichtbaren Bildausschnitte, stellen Vermutungen an und raten oder benennen das noch abgedeckte Bildobjekt. Bei diesem Spiel wird die Fähigkeit gefördert, vom sichtbaren Teil aufs Gesamte des Bildes zu schließen. Es handelt sich um eine Fähigkeit, die beim Schrift lesen ständig gefordert wird. (Mit etwas handwerklichem Geschick können Sie das Aufdeckspiel selbst herstellen.)

Einkaufszettel

mit Fotos erleichtert den Schülern, die noch nicht über die Schriftkenntnis verfügen, den Einkauf. Die vom Lehrer hinzugefügten Wörter stellen eine Verknüpfung her und sensibilisieren den Schüler für die Schriftzeichen, ohne daß der Schüler diese Wörter abspeichern muß.

Bilderspiele

Lotto, Memory, Bilderdomino, Kofferpacken, usw.

Bilderpuzzle

Bilder zerschneiden und wieder zusammenlegen.

Bauanleitungen
für Konstruktionsspiele, Lego, Baufix, Fischertechnik, usw. finden sich bereits vorgefertigt bei den o.g. Baumaterialien. Hier ist das Bilder lesen für den Schüler motivierend. Interessant ist es für den Schüler, mit dem Fotoapparat selbst eine bildhafte Bauanleitung zu einem von ihm gefertigten Produkt (z.B. im Werkunterricht) herzustellen.

Einsatz von Dias
Um das Interesse zu erzeugen, zunächst nur einen Teil des Bildes zeigen, das Bild langsam einschieben, mit einer beweglichen Lochkarten vor dem Projektor nur einen Teilausschnitt des Bildes durchscheinen lassen, das Dia „auf dem Kopf" oder seitenverkehrt präsentieren.

Comics
sammeln, evtl. vereinfachen und mit den Schülern lesen.

Anlegen einer Bilder-Sammelmappe
Um die alltägliche Unterrichtsvorbereitung zu erleichtern empfiehlt sich die Anlage einer Bilder-Sammelmappe. Sammeln Sie regelmäßig Bilder, die sich auch als Anschauungsmittel eignen und legen Sie diese nach bestimmten Kategorien geordnet ab. Wenn Sie diese Sammelmappe dann auch noch im Klassenzimmer den Schülern als „Bilderbuch" zur Verfügung stellen, fördern Sie einerseits die Kompetenz des Bilderlesens und regen vielleicht nebenbei die Schüler dazu an, selbst Bilder mit in die Schule zu bringen, zur Ergänzung Ihrer Bilder-Sammelmappe.

Bildzeichen (Piktogramme) lesen

„Sinn- und Bedeutungsträger (Art des Zeichens):
1. Schematisierte, stilisierte Teilabbildungen, meist von Gegenständen und menschlichen Gestalten, die bei Alltagshandlungen eine Rolle spielen. Nur noch wenig mit der wahrgenommenen Realität entsprechend.
2. Farb- und Formzeichen und -symbole, die vom Leser in bestimmten Situationen bestimmte Handlungen verlangen sollen.
1. und *2.* haben allgemeinverständlichen, genormten Bedeutungsgehalt, es sind sprachunabhängige Handlungssymbole.

Beschreibung des Lesevorgangs:
1. Die Bildzeichen (Piktogramme) werden als Teilabbilder erkannt und als Orientierungs- bzw. Handlungshilfen verstanden. Je nach Grad der Schematisierung lassen sich Bedeutungen leichter oder schwerer erschließen.
2. Farb- und Formzeichen werden als Signale erkannt, die in vergleichba-

ren Situationen und Zusammenhängen immer wieder auftreten und stets das gleiche bedeuten. Sie müssen decodiert werden. Die erkannte Bedeutung bestimmt das Handeln.

Erforderliche Voraussetzungen (bzw. Fähigkeiten, die dabei geübt werden können; der Verf.)
Fähigkeit zu differenziertem Sehen, d.h.: Unterscheiden des Gesehenen nach Form, Größe, Farbe, Richtung auch dann, wenn nur geometrische Grundformen ohne Abbildcharakter auftreten. Bewußtes Suchen nach Zeichen.
Wissen, daß Zeichen Symbolcharakter haben.
Stabile Zuordnung von Zeichen (Symbol) und Sache (Handlung) gemäß geltender Norm oder Vereinbarung.

Bedeutung und Nutzen für den Lesenden:
Kann sich je nach Kenntnisstand mittels allgemeingültiger, sprachfreier Bild-, Farb- und Formzeichen in der Umwelt relativ selbständig orientieren, bewegen und betätigen.
Kann Bildzeichen im Alltag als Handlungshilfen benutzen, z.B. den richtigen Schalter finden.
Fühlt sich sicherer.“ (Hublow 1985, S. 8-9)

Beispiele für Bildzeichen

Bildzeichen aus: Günthner/Lanzinger: Die kleine Fibel

Kriterien für die Auswahl von Bildzeichen und Signalwörtern

Die Zeichen und Wörter sollten in der schulischen als auch der häuslichen Umwelt der Schüler vorkommen.
Die Bildzeichen und Signalwörter sollten für die Schüler von aktueller und zukünftiger Bedeutung sein und den Bedürfnissen der Schüler entsprechen.
Die Bildzeichen und Signalwörter sollten den Schülern zu einer größeren Selbständigkeit und Unabhängigkeit in schulischen, familiären und öffentlichen Situationen verhelfen.
Die Bildzeichen und Signalwörter müssen visuell gut wahrnehmbar und lesbar sein.
Die Auswahl der Piktogramme und Signalwörter wird zudem von der individuellen Lernausgangslage der Schüler und vom aktuellen unterrichtlichen Themenschwerpunkt bestimmt.
Erinnert sei hier auch an die Gesichtspunkte zur Auswahl der Unterrichtsinhalte, die im Bildungsplan der Schule für Geistigbehinderte in Baden-Württemberg (Lehrplanheft 1982, S. 14) aufgeführt sind:

> „vom Nahen zum Fernen,
> vom Vertrauten zum Fremden,
> vom Einfachen zum Komplizierten,
> vom unmittelbar Erlebbaren zum Abstrakten."

Methodisches Vorgehen beim Erlernen der Piktogramme oder der Signalwörter

Leseunterricht an der Schule für Geistigbehinderte ist kein Unterricht, der nur im Klassenzimmer stattfindet. In bestimmten Phasen des Leseunterrichts befinden wir uns mit den Schülern mehr außerhalb des Klassenzimmers auf der Suche nach Bildzeichen (Piktogrammen), Signalwörtern und weiteren Leseanlässen. Viele Piktogramme und Signalwörter können fast nur in der außerschulischen Wirklichkeit gefunden und auch nur dort kann der Sinn der Zeichen und Signalwörter erkannt, erfahren und erlernt werden. Die Sinnentnahme der Zeichen und Wörter ist für Schüler mit Handicap in der konkreten Wirklichkeit erleichtert. Der materielle und räumliche Kontext ermöglichen dem Schüler Rückschlüsse auf die Bedeutung des Zeichens. Dementsprechend muß auch das methodische Vorgehen beim Erlernen der Zeichen und Signalwörter gestaltet sein.

Folgende *Vorgehensweise* hat sich in der Unterrichtspraxis bewährt:

1. *Aufsuchen der Zeichen in der Schule oder der Umwelt.* Schüler für die Piktogramme in der Realität sensibilisieren, aufmerksam machen. Sobald

die Schüler die Bedeutung der Piktogramme erkennen, sind sie in der Regel am Lesen interessiert, motiviert und treiben den Unterricht mit voran.

2. *An Ort und Stelle die Bedeutung der Zeichen herausfinden.* Die Schüler stellen Beobachtungen an und versuchen den Sinn des Piktogramms möglichst selbst herausfinden.
Sie versprachlichen in ihren Worten die Bedeutung des Bildzeichens.

3. *Übungen* mit den Bildzeichen und Signalwörtern im Klassenzimmer zum Unterscheiden, Speichern und Verbalisieren.

4. *Lernerfolgskontrolle (Vergewisserung)* in der Realsituation, Anwendung und Transfer, d.h. vom gelernten Zeichen auf ähnliche Zeichen mit derselben Bedeutung schließen.

Die Erlernten und bekannten Piktogramme stehen den Schülern (auf Karton aufgeklebt und in der entsprechenden Größe) ständig im Klassenzimmer zur Verfügung, so daß diese in Freiarbeitsphasen freien Zugang dazu haben und damit entsprechend arbeiten können.

Übungen zum Bildzeichen (Piktogramm) lesen

Piktogramm zur Realität zuordnen
Schüler bekommen jeweils ein Piktogramm und heften dies im Schulhaus an das entsprechende Original, d.h., auch in der jeweiligen Örtlichkeit.
Piktogramm → dreidimensionale und vielen Sinnen wahrnehmbare Wirklichkeit

Piktogramm zu Fotos zuordnen
Piktogramme den Fotos zuordnen (vom realen Ort abstrahieren können).
Piktogramm → zweidimensionaler Abbildung der Realität

Piktogramme verbalisieren
Piktogramme auf verschiedene Weise versprachlichen. Zugelassen sind individuelle Bezeichnungen, z.B. „Jungenklo“, „Do müsset dia Buaba neigeh, wenn se mol müsset.“ für Jungentoilette.
„Auf den weißen Balken darf ich über die Straße.“ für Zebrastreifen.

Sortieren nach Geschlechtern
Zuordnung von Geschlechtern zu entsprechenden Piktogrammen (Toilettenkennzeichen)

Jungen → *Jungen*
Mädchen → *Mädchen*

Handlungsfolgen
Mit den Piktogrammen Handlungsfolgen legen, z.B. „Wir gehen ins Hallenbad und schwimmen"

Die Schüler lesen die Bilderfolge. Gleichzeitig versprachlichen sie die Handlung, wodurch die Verinnerlichung gefördert wird.
Lassen Sie die Schüler mit den Piktogrammen auch Quatschgeschichten legen. Nichts bereitet mehr Freude als die Realität zu verfremden.

Piktogramm-Lesebuch
herstellen und darin regelmäßig lesen, d.h. die Bedeutung der Zeichen versprachlichen.
In einem Ringordner werden alle erlernten Piktogramme gesammelt. Zum besseren Blättern in dem Lesebuch eignen sich Klarsichtfolien, in die die Bildzeichen eingelegt sind.
Nach Abschluß einer Einheit werden die Bildzeichen aus der Sammelmappe herausgenommen und in einem eigenen themenbezogenen Lesebuch zusammengebunden (vgl. auch die Anmerkungen zum Eigenlesebuch).

Eine *Bildzeichen-Rallye*
durch das Schulhaus mit den bekannten Bildzeichen bringt für einige Schüler neue Motivation in den Lernalltag. Hierfür bietet sich Partnerarbeit an.

Bildzeichen suchen
In der schulischen oder evtl. der häuslichen Umwelt nach Zeichen und Bildzeichen suchen, die Bedeutung klären, diese fotografieren und losgelöst vom Standort im Klassenzimmer verbalisieren (abstrahieren).

Verkehrszeichen
Dasselbe mit Verkehrszeichen, die für Fußgänger und Radfahrer relevant sind.

Bedienungszeichen
im Haushalt (z.B. Wasserhahn warm – kalt) und bei technischen Geräten (z.B. am Radio oder Fernsehgerät, am Walk-Man, am Kassettenrekorder, usw.) finden und deren Bedeutung durch Eigenerprobung klären.

Stundenplan
mit Piktogrammen legen und lesen. Als Einstieg in den Unterrichtstag und als Übersicht für den Schüler, was heute „so abgeht“ bringen die Schüler die aktuellen Bildzeichen in eine entsprechende Reihenfolge. Hilfreich ist, wenn auch tagsüber der Blick immer mal wieder auf die Bildzeichen hingewendet wird. So lernt der Schüler den Stundenplan als echtes Orientierungs- und Informationsinstrument zu benutzen.
Wenn Schüler in der Leserichtung noch Förderbedarf haben, lassen Sie den Stundenplan von links nach rechts an der Tafel anbringen. Nebenbei lernt der Schüler hierbei die Leserichtung einzuüben. Als Variation können die Schüler später den Plan von oben nach unten lesen.

Stundenplan

	8.30 Uhr- 10.00 Uhr-		10.30 Uhr- 12.00 Uhr-	12.00 Uhr- 13.00 Uhr-	13.00 Uhr- 13.30 Uhr-	13.30 Uhr- 15.00 Uhr-
Montag	 Lesen/ Schreiben	P a u s e	 Musik	**Essen**	 Freizeit	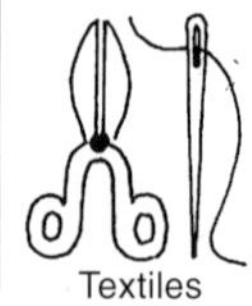 Textiles Werken

Für die leistungsstärkeren Schüler ist der schriftliche Begriff unter dem Bildzeichen nicht von Nachteil.

Einsatz von Dias
Von den aktuellen Bildzeichen und ihrem Umfeld Dias erstellen. Das Betrachten der großformatigen Dias motiviert die Schüler zum Versprachlichen.

Warnschilder
Piktogramme oder Farbzeichen für Gefahrenhinweise, z.B. *Blitz* für Starkstrom, *rot* für stehen/heißes Wasser, u.ä. besonders thematisieren.

Oberbegriffe/Kategorien
Piktogramme nach Oberbegriffen sortieren.

Memory- oder Lottospiel
Stellen sie mit den Schüler diese oder ähnliche Bildunterscheidungs- und Zuordnungsspiele her.

Puzzle
aus Piktogrammen. Die Bildzeichen vergrößern und je nach Fähigkeiten der Schüler in Teile zerschneiden. Zum besseren Hantieren die Teile auf Karton aufkleben.

„Dalli-klick“
mit großformatigen Piktogrammen (vgl. Beschreibung S. 26)

Klingendes Übungsbuch
Notwendige Bestandteile zu diesem Übungsbuch:
- Kassettenrekorder,
- Audiokassette, die vom Lehrer besprochen ist

– Kopfhörer und ein
– wasserlöslicher Filzstift.

Der Schüler holt sich aus dem Regal das Übungsbuch mit der entsprechenden Audiokassette, den Kopfhörer und einen wasserlöslichen Filzstift.

Er sucht sich einen Platz, an dem er den Kassettenrekorder an das Stromnetz anschließen kann, zieht sich den Kopfhörer auf und schaltet den Kassettenrekorder ein.

Vom Band erhält er verbale Anweisungen, welches Bildzeichen er auf jeder Seite aussuchen und dann ankreuzen soll.

Nachdem der Schüler, das seiner Meinung nach richtige Zeichen markiert hat, blättert er auf die nächste Seite und erhält wieder eine mündliche Anweisung für das nächste Zeichen, das er wiederum suchen und ankreuzen soll.

Nach Bewältigung aller Seiten kann der Schüler anhand der Lösungsseite am Ende des Buches seine Arbeit selbst kontrollieren.

Bei diesem Übungsbuch geht es um die selbständige Bewältigung der vom Lehrer mündlich auf Band gesprochenen Aufgaben.

Er übt, die verbale Beschreibung eines Zeichens mit dem visuell sichtbaren Bildzeichen zu verknüpfen.

Im Klassenzimmer finden sich für alle Lesearten solche Übungsbücher, so daß unterschiedliche Leistungsstufen der Schüler Berücksichtigung finden. Je nach Durchhaltevermögen, kann sich der Schüler ein Übungsbuch mit 12 oder 20 Aufgabenseiten auswählen.

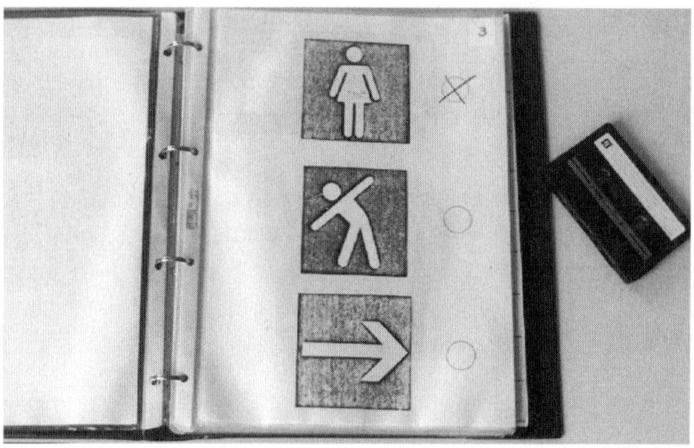

Bringen Sie an *Regalen und Schränken*
im Klassenzimmer Bildzeichen an. Auch wenn die Schüler sich ohne Bildzeichen orientieren können, nehmen sie die Zeichen so nebenbei wahr und stellen immer mal wieder eine Verknüpfung zwischen den Gegenständen in den Schränken und den dabei befindlichen Piktogrammen her.

Wetterkarte
aus der Zeitung ausschneiden und mit den Schülern lesen. Wetterkarten bieten vielfältige Leseanlässe. Angefangen von den Bildzeichen für die unterschiedlichen Witterungsarten, bis hin zu Umrissen Deutschlands oder Europas. Auf der Wetterkarte finden sich zudem Städtenamen. Der ergänzende Blick in den Atlas stößt bei den meisten Schülern auf Interesse. Es stellen sich vielfältige Fragen:
Für Übermorgen planen wir eine Wanderung. Wie wird das Wetter? Welche Kleidungsstücke muß ich anziehen? Benötige ich einen Regenschutz oder eine Sonnenbrille? Welches Wetter haben meine Oma und mein Opa in Griechenland?

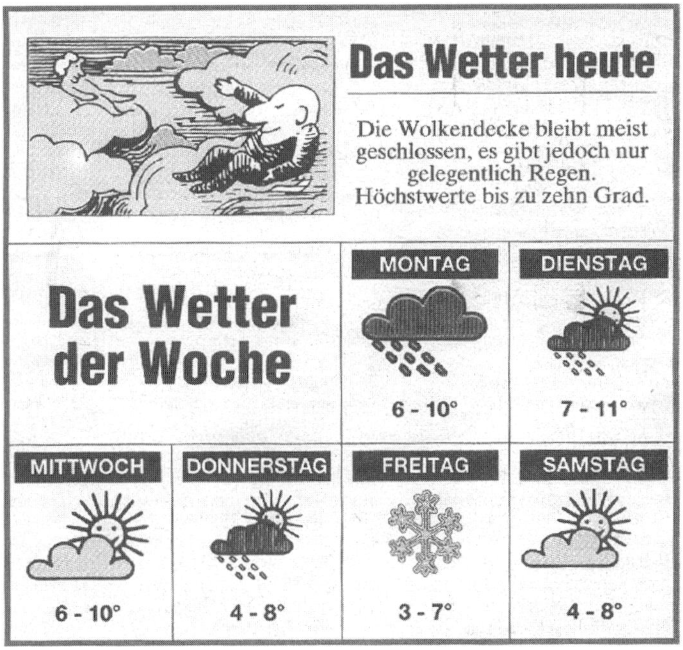

Bildzeichen erfinden
Erfinden Sie mit den Schülern Bildzeichen für den Unterrichts- und Schulalltag. Die selbst gefundenen Piktogramme bieten Anlaß diese im Unterrichtsalltag auch regelmäßig zu lesen und sich daran zu orientieren, z.B. Zeichen für *Spielecke* im Klassenzimmer, *Ruheecke, leise arbeiten, nicht streiten, Partnerarbeit, usw.*

Über das Produzieren eigener Bildzeichen gelangt der Schüler zum Schreiben. Eine Bedeutung, ein Sinn wird in graphische Zeichen gebracht, die wiederum von den Produzenten und anderen gelesen werden können. Auf diese Art entstehen konventionelle (vereinbarte) Zeichen, eine Vorstufe der Buchstaben.

Signalwörter lesen

„Sinn- und Bedeutungsträger (Art des Zeichens):
Abstrakte grafische Gestalten, meist aus *Buchstabenreihen,* teilweise aus Ziffern bestehend, ohne Bildelemente.
Schrift steht für sprachliche Aussage.
Treten meist als *Schilder in bestimmten Umweltbereichen und -zusammenhängen* auf, sind mehr oder weniger einheitlich gestaltet, auf farblich genormtem Hintergrund.

Beschreibung des Lesevorgangs:
Der Leser begegnet den „Signalwort"-Tafeln im Bereich des öffentlichen Lebens, und er sucht nach Bedeutung.
Solange er keine Schrift entziffern kann, erkennt der Leser die Wortgestalten ganzheitlich wie Bildzeichen und Symbole und erschließt den Sinn aus dem Sachzusammenhang, z.B. als Verbot, als richtige Toilettentür („Damen"), usw.

Erforderliche Voraussetzungen (bzw. Fähigkeiten, die dabei geübt werden können; der Verf.)
Gesteigerte Formen des differenzierten Sehens und Betrachtens: zum oben Beschriebenen tritt die Unterscheidung von wenig markanten Details, die Gliederung des Schrifttextes in Teilkomplexe (z.B. einzelne Wortgestalten wie „Verboten", ohne sie zu entziffern). Herstellen von vermuteten Sachbeziehungen und Deuten des Schildes auf diesen.

Bedeutung und Nutzen für den Leser:
Kann sich vorhandener Schrifttafeln in bestimmten Sachzusammenhängen als Orientierungs- und Handlungshilfen bedienen, z.B.: Gefahren erkennen, Firmen finden, Waren aussuchen, Wege finden.
Erfährt dadurch Selbstsicherheit und fühlt sich zu weiteren Bemühungen angeregt."
(Hublow 1982, S. 8-9)

Beispiele für Signalwörter

DRÜCKEN

Kriterien zur Auswahl und methodisches Vorgehen beim Erlernen der Signalwörter

Die Kriterien zur Auswahl der Signalwörter als auch das methodische Vorgehen beim Erlernen sind weitgehend identisch mit den Hinweisen zu den Piktogrammen (vgl. S. 29).

Übungen zum Signalwort lesen

Sammeln von Signalwörtern
Semmeln Sie mit den Schülern in der schulischen und häuslichen Umwelt (Straße, öffentliche Einrichtungen, aber auch in Jugend- und Sportzeitschriften) alle möglichen Signalwörter, auch solche, die momentan noch nicht gelesen werden können. Vielleicht sind gerade diese Auslöser und Motivation für neue Anstrengungen beim Lesenlernen.
Beziehen Sie in diese Aktivitäten auch die Eltern ein. Wichtig ist, daß die Schüler auch aus der häuslichen Umgebung Signalwörter in die Schule, den Leseunterricht einbringen. Je lebensbedeutsamer die zu lernenden Wörter sind, umso größer ist in den meisten Fällen auch die Motivation der Schüler.
Schlüpfen Sie bei der Suche nach Signalwörtern in die Rolle des Kindes, des Jugendlichen (Empathie). Vielleicht bemerken sie, daß aus der Warte des Schülers ganz andere Signalwörter von Bedeutung sind als in der Rolle des Lehrers, der allzugern sein „didaktisches Raster“ im Kopf und den erhobenen „pädagogischen Zeigefinger“ vor den Augen hat. (vgl. auch „Oberbegriffe/Kategorien“ auf der nachfolgenden Seite). Wie wäre es z.B. mit den Signalwörtern BMW, Ferrari, HSV, Bayern München, Chicago Bulls, ...? Zum Zeitpunkt der Erstellung dieses Buches (Frühjahr/Sommer 1998) konnten viele der Ober- und Werkstufenschüler meiner Schule das Signalwort „Titanic“ lesen. Warum? Ungefähr die Hälfte der Schüler hatte den gleichnamigen Film im Kino gesehen und entsprechende Begleitbücher „studiert“. Auch wenn es uns nicht immer gefällt, die beste Lesemotivation geht von Wörtern und Texten aus, die die Schüler interessieren.

Signalwörter-Lesebuch
Legen sie mit den Schülern individuelle Lesebücher an. In diesen können die Signalwörter und parallel dazu die Bildzeichen entweder ungeordnet oder nach Themen sortiert werden.

Signalwörter versprachlichen
Die Schüler lesen die Signalwörter und versuchen die Bedeutung des Begriffes herauszufinden. Wichtig erscheint mir, daß es nicht nur auf das Lesen, sondern vor allem auf die Sinnerfassung ankommt.

Oberbegriffe/Kategorien

Beim Sortieren der Signalwörter nach Kategorien, aber auch bei der Reihenfolge der Einführung müssen wir Erwachsenen immer wieder den Versuch machen, uns in die Bedürfniswelt der Schüler einzufühlen. Die Schüler haben andere Prioritäten als wir Lehrerinnen und Lehrer. Lassen Sie sich auch von den Bedürfnissen der Schüler leiten.

Bei der Frage nach den wichtigsten und beliebtesten Signalwörtern, ergab sich bei Schülern der Mittel-, Ober- und Werkstufe folgende Prioritätenliste:

Süßigkeiten
Getränke
Lebensmittel
Namen der Fernsehsender
Begriffe aus Sport und Show
Automarken
Verkehr
Tankstellen
Türaufschriften
Toiletten
Gefahren

Ganz oben in der Beliebtheitsskala rangieren also die Süßigkeiten und Getränke. Ob uns Lehrern dies nun paßt oder nicht, ist dies doch ein Hinweis, mit diesen Signalwörtern im Leseunterricht nicht allzulange zu warten.

Am Ende rangieren die Begriffe wie *Ziehen, Drücken, WC, 00, u.ä.* Dies sind aber gerade die Signalwörter, die in der Schule oftmals am ehesten eingeführt werden, und somit auf nur geringes Interesse der Schüler stoßen. Müssen wir da nicht umdenken?

Signalwort der *Fotografie zuordnen,*

Fertigen sie von den Süßigkeiten, den Getränken, den Gegenständen, den Örtlichkeiten, den Fahrzeugen, usw. Fotografieren. Im Unterricht ordnen die Schüler das jeweilige Signalwort der Fotografie zu.

Signalwort dem passenden *Piktogramm zuordnen.*
Nicht zu jedem Piktogramm gibt es auch ein passendes Signalwort.

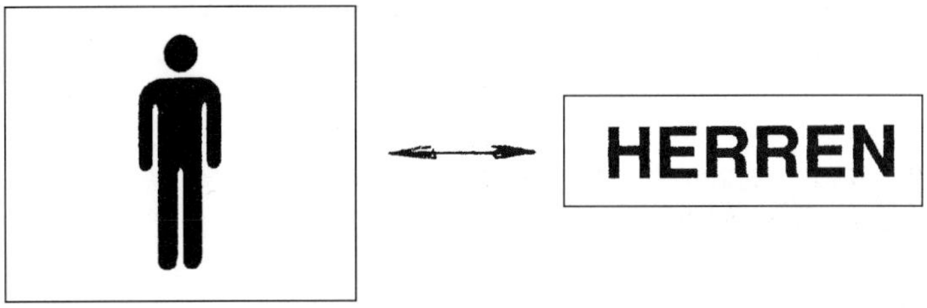

Signalwort zu Signalwort zuordnen
Signalwörter mit gleicher Bedeutung in gemischter Schreibweise mit unterschiedlichem Texthintergrund, in unterschiedlicher Schriftgröße, usw. einander zuordnen.

Drücken ↔ DRÜCKEN

AUSGANG ↔ Ausgang

Memoryspiel
Steilen Sie mit den Schülern hierfür paarweise Signalwortkarten her.

Signalwörterpuzzle
Zerschneiden Sie bekannte Signalwörter in wenige Teile, die von den Schülern wieder zusammengelegt werden müssen.

Pars pro toto („Das Teil steht für Ganze")
Decken Sie Teile des Signalwortes ab. Der Schüler muß vom sichtbaren Teil aufs ganze Wort und dessen Bedeutung schließen.

Einkaufszettel
mit Signalwörtern aus dem Lebensmittel- und Getränkebereich erstellen. Die Signalwörter können auch aufgeklebt werden.
Weitere Vorschläge können sie den Übungen zum Bildzeichen lesen entnehmen.

Ganzwort lesen

„Sinn- und Bedeutungsträger (Art des Zeichens):
Buchstabenkomplexe, die als „Ganzwörter", im Unterricht angeboten werden und als *„Schriftsymbole" für bestimmte Worte* erfaßt werden (auch Wortgruppen).
Ganzwörter haben in der Regel einen thematischen Zusammenhang mit dem allgemeinen Unterricht, werden aber auch unabhängig davon erkannt und auf andere Bereiche übertragen.

Beschreibung des Lesevorgangs:
Die Wortgestalten werden als ganze Komplexe zunächst ohne näheres Hinsehen erfaßt und die entsprechenden Worte ausgesprochen.
Bei ähnlichen Wörtern müssen Wortanfang, Wortende oder einzelne Buchstaben optisch unterschieden und verglichen werden, z.B. Haus, Hans, Gans, usw.
Der Leser erwartet nicht unmittelbar eine Sinnbedeutung, sondern eine Wortklanggestalt, über die er den Sinn erfährt.

Erforderliche Voraussetzungen (bzw. Fähigkeiten, die dabei geübt werden können; der Verf.)
Weitere Verfeinerung des Sehens.
Unterscheiden von Details bei ähnlichen Buchstabenkomplexen.
Direktes zuordnen von grafischem Gebilde zum gesprochenen Wort der deutschen Sprache und zwar situationsunabhängig und eindeutig.
Ablösen der Sprache vom subjektiven Erleben, objektive Sinnerwartung.
Intaktes Hören.

Bedeutung und Nutzen für den Lesenden:
Empfindet sich als lesend und dadurch erheblich bestätigt. Erfährt Anerkennung aus dem Familienkreis und wird dadurch weiter motiviert.
Begreift, daß Schriftzeichen genaue Entsprechungen von gesprochenen Worten sind.
Kann einfachste Mitteilungen lesend verstehen (Hinweise auf Schildern und Zetteln, Postkartengrüße, usw.)“ (Hublow 1985, S. 8-9)

Beispiele für Ganzwörter:

Simone

Reutlingen
Sonnenstraße

Mama **Papa**

Frau Maier

Wir sind in der Küche

F r e i t a g

MO DI MI DO

April

MAI

Anzahl der Ganzwörter

Die Anzahl der zu lernenden Ganzwörter sollte begrenzt sein auf wenige Dutzend Wörter. Zu viele Wörter ganzheitlich zu lernen und abzuspeichern wäre unökonomisch und würde die Gedächtnisleistung der Schüler heillos überlasten. Denken wir nur an die große Zahl von Piktogrammen und Signalwörtern, die die Schüler auch schon ganzheitlich abspeichern mußten.
Schließlich haben wir in unserer Schriftsprache Einzelbuchstaben, die sich weitgehend auf die gesprochenen Laute unserer Sprache beziehen. Bei Schülern, die bereits bis zur Stufe des Ganzwortlesens vorangeschritten sind, muß das nächste Ziel das Erlernen der Buchstaben und Laute sein. Mit dieser Fertigkeit sind sie in der Lage neue (und nicht nur ganzheitlich abgespeicherte) Wörter zu erlesen.
In dieser Phase des Leselernprozesses zeigt sich bald, ob der Schüler die Elemente der Wörter analysieren kann, ob er in der Lage ist einzelne Buchstaben zu erkennen. Ist diese Fähigkeit zu beobachten, sollten dem Schüler weitergehende Übungen zum Schrift lesen, also Analyse- und Syntheseübungen angeboten werden. Ganzwortlesen wäre demnach nur eine kurze Durchgangsphase.

Gesichtspunkte für die Auswahl der Ganzwörter

Die Ganzwörter sollten häufig im Schulalltag aber auch im Elternhaus *schriftlich* vorkommen, die Schüler emotional ansprechen und zugleich für die Schüler handlungsbedeutsam sein, z.B. eigener Name, Namen der Mitschüler, Name der Lehrerin/des Lehrers, Name von Mama, Papa und der Geschwister, Wochentage, Monatsnamen, Wohnort und Straße, kurze Mitteilungen, usw.
Die Ganzwörter sollten möglichst lautgetreu zu artikulieren sein, z.B. *Simone, Fanta, Mama, o.ä.*
Die Wörter sollten möglichst in der Gemischt-Schreibweise (Groß- und Kleinschreibung) angeboten werden und nicht zu komplex sein.
Passagere Ganzwörter sind Wörter, die vorübergehend von Bedeutung sind, häufig im Unterricht auftauchen und dann aus dem Gedächtnis wieder gelöscht werden, z.B. Monatsnamen. Die Schülerin/der Schüler kann z.B. in den Sommermonaten „Juni", „Juli" und „August" spontan als Ganzwörter richtig erkennen und lesen. Um die Weihnachtszeit gelingt dies evtl. mit den Monatsnamen „Dezember" und „Januar". Zu diesem Zeitpunkt sind die vom Schüler ein halbes Jahr zuvor beherrschten Monatsnamen Juni, Juli oder August dagegen nicht mehr spontan präsent und nur mit Aufwand zu erlesen.

Übungen zum Ganzwort lesen

Eigener Name
Den eigenen Namen lesen und handschriftlich oder mit dem PC schreiben. Zusätzlich drucken und stempeln um damit den eigenen Platz, Arbeitsmittel, das eigene Fach, hergestellte Produkte, Arbeitsblätter, usw. zu kennzeichnen.

Mitschüler und Lehrer/innen
Die Namenskarten den entsprechenden Mitschülern oder den Lehrkräften zuordnen.
Namenskarten vertauschen und wieder richtig ordnen.

Ganzwort zum Gegenstand
Ganzwörter dem entsprechenden Gegenstand oder der Abbildung zuordnen.

Wochen- und Monatsnamen
in der richtigen Reihenfolge ordnen, im Kalender suchen, usw.
In Verbindung mit dem Stundenplan ordnen die Schüler aus dem Gedächtnis oder mit Hilfe dem Wortbild eines Wochentages bestimmte schulische oder außerschulische Aktivitäten zu.
Diese Übung trägt zur zeitlichen Strukturierungsfähigkeit der Schüler bei.

Abkürzungen dem vollständigen Wort zuordnen
Bei dem dargestellten Lernmittel üben die Schüler die Zuordnung der Abkürzungen der Wochentage zu den vollständigen Wörtern.

Dieses Übungsmaterial können sie leicht selbst herstellen. Aus dünnen Sperrholzplatten sägen Sie die gewünschte Form aus und beschriften diese nach ihren Bedürfnissen. Das Material eignet sich gut für das selbständige oder partnerweise Üben in der Freiarbeit.

Sätze aus Ganzwörtern und Bildzeichen lesen
Legen sie den Schülern aus bekannten Ganzwörtern und Bildzeichen kurze Sätze zum Lesen vor. Da die Verben in der Regel auf dieser Lesestufe noch nicht gelesen werden können, sind diese hier durch einen Pfeil ersetzt. Die Konjunktion „und“ erhält das Additionszeichen und die Verneinung einer Tätigkeit wird mit dem durchgestrichenen Pfeil dargestellt. Zur genauen Sinnentnahme aus dem Satz ist die Kenntnis des Kontextes hilfreich. Das Lesen solcher Sätze fördert die kognitiven und sprachlichen Fähigkeiten der Schüler.

Emina →

(Bedeutung: "Emina möchte ein Eis." oder "Emina isst ein Eis." oder "Emina kauft ein Eis.")

Rolf + Stefan →

(Bedeutung:"Rolf und Stefan spielen mit Lego.")

Willi ↛

(Bedeutung:"Willi spielt nicht mit der Puppe." oder "Willi mag keine Puppen.")

Memoryspiel
mit den Ganzwörtern.

Wörter schreiben
Im Tagesablauf immer wieder die gespeicherten Ganzwörter (Namen, Wochentage, Monat) lesen und schreiben (stempeln, drucken).
Schreiben, stempeln und drucken unterstützt die Verinnerlichung des ganzheitlich abzuspeichernden Ganzwortes. Gleichzeitig wird der Schüler auf die Einzelelemente (Buchstaben) des Wortes aufmerksam gemacht.

Ganzwort zum gesprochenen Wort
Dem vom Lehrer vorgesprochenen Wort ordnet der Schüler das entsprechende schriftliche Ganzwort zu. Es findet die Verknüpfung zwischen akustischer und visueller Wahrnehmung statt.

Oberbegriffe/Kategorien
Ganzwörter nach Kategorien ordnen, z.B. die Schülernamen, die Namen der Lehrerinnen/der Lehrer, Wochentage, Monatsnamen, u.ä. nach Oberbegriffen ordnen.

Ergänzende Übungsvorschläge finden Sie in Susanne Dank: Geistigbehinderte lernen ihren Namen lesen und schreiben; Dortmund

Schrift lesen

„Sinn- und Bedeutungsträger (Art des Zeichens).
Buchstabenfolgen als Zeichen für Lautfolgen, die Wörter und Sätze ergeben, welche wiederum Inhalt und Sinn tragen.
Schrift ist abstraktes und sehr komplexes Zeichensystem, das für das Symbolsystem der (deutschen) Sprache steht.

Beschreibung des Lesevorgangs:
Abtasten des Textes von links nach rechts, Zeile für Zeile mit dem Auge.
Erkennen von Lautzeichen (Buchstaben und Buchstabengruppen), Umsetzen in Klangfolgen (Laute, Silben, Wörter).
Zusammenfügen von so gelesenen Wörtern zu sprachlichen Aussagen (Sätzen).
Verstehen des Inhalts und des Sinns des Gelesenen.

Erforderliche Voraussetzungen: (bzw. Fähigkeiten, die dabei geübt werden können; der Verf.)
Optische Analyse (Durchgliederung und Einzelbetrachtung) von Gestalt-

folgen (Buchstabenfolgen) von links nach rechts. Klanganalyse der gesprochenen Worte. Stabile Zuordnung von Buchstaben (-gruppen) zu Lauten (und Lautgruppen). Bewegliche Sinnerwartung, Korrekturbereitschaft, Erschließen von Sinnganzem, Kombinieren von Sinnzusammenhängen.

Bedeutung und Nutzen für den Lesenden:
Kann technisch lesen: fühlt sich in der Familie und der Gesellschaft als gleichwertiger Mensch.
Kann Gelesenes verstehen: kann sprachliche Mitteilungen personen-, ort- und zeitunabhängig aufnehmen.
Hat praktischen Nutzen, kann sich durch lesen Freude bereiten; kann mit anderen Menschen brieflichen Kontakt haben."
(Hublow 1985, S. 8-9)

Bildung von Lesegruppen

Nachdem die Schüler einige Signal- und Ganzwörter abgespeichert haben und diesen auch spontan in unterschiedlichen Situationen die richtige Bedeutungen entnehmen können, müssen wir im Unterricht unterschiedliche Lesegruppen bilden, in denen wir den Bedürfnissen der Schüler eher entsprechen können. Bis zur Stufe der Signal- und Ganzwörter kann der Lese- und Schreibunterricht durchaus in einer heterogenen Lerngruppe stattfinden. Um den spezifischen Bedürfnissen (sinnentnehmendes Erlesen einfacher Texte) der leistungsstärkeren Schüler gerecht zu werden, benötigen diese zusätzliche, regemäßige und strukturierte Lernangebote sowie vielfältige Übungsmöglichkeiten.

Lesegruppe **A**
Schüler, die voraussichtlich nicht über die Stufe des Signal- und Ganzwortlesens hinauskommen.
Diese Gruppe erhält schwerpunktmäßig weitere Angebote aus dem Bereich des Bilder-, Bildzeichen-, Signalwort- und Ganzwortlesens. Die Schüler erweitern mit ausgesuchten lebenspraktisch relevanten Zeichen und Signalwörtern ihre Kompetenzen. Neben der Einführung neuer Piktogramme und Signalwörter steht im Leseunterricht überwiegend die ständige Wiederholung der bereits einmal erworbenen Begriffe auf der Tagesordnung.

Lesegruppe **B**
Schüler, die voraussichtlich zur Analyse, Synthese und zur Sinnentnahme aus Texten befähigt sind.
Diese Schüler erhalten in weitgehend homogenen Lerngruppen schwerpunktmäßig Angebote im Fachunterricht „Lesen und Schreiben". Hier geht

es lehrgangsmäßig um die Aneignung der Buchstaben, das synthetische Lesen und die Sinnentnahme aus einfachen fremden Texten. Empfehlenswert sind mindestens drei Lerneinheiten/Woche.
Zum Vergleich: Ein Grundschulkind hat pro Woche in den ersten beiden Klassen fünf Stunden Deutschunterricht. Ziel ist es, daß die Schüler bis zum Ende des zweiten Schuljahres flüssig und sinnentnehmend einfache Texte lesen können. Hierbei wird deutlich, welch enormer Zeit- und Übungsaufwand notwendig ist, um zum Lesen und Schreiben zu gelangen. So weit es geht, muß die Schule für Geistigbehinderte bei der Stundenplangestaltung hierauf Rücksicht nehmen. Durch die Zusammenstellung klassenübergreifender und weitgehend homogener Lerngruppen, können wir dem individuellen Förderbedarf der Schüler in diesem Bereich entsprechen. Zusätzlich zum Schrift lesen erhält diese Lerngruppe weiterhin Angebote im Erlesen von Piktogrammen und Signalwörtern, die in der aktuellen Realität der Schüler häufig vorkommen. Die bereits vorhandenen Kenntnisse in diesem Bereich sind ständig zu wiederholen.

Analytisch-synthetisches Leselern-Verfahren

In der allgemeinen Lesedidaktik – sei es in der Grundschule, der Förderschule für Lernbehinderte oder auch in der Schule für Geistigbehinderte – hat sich das *analytisch-synthetische Verfahren* durchgesetzt. Dauerhaft abgespeicherte Ganz-, Signal- oder Schlüsselwörter sind Ausgangspunkt für die weiterführende Analyse, Synthese und Sinnentnahme. Ausgehend von den bereits ganzheitlich abgespeicherten Wörtern, erfolgt in einem ersten Schritt zunächst die Herauslösung einzelner Buchstaben, die Analyse. Im zweiten Schritt wird der Schüler befähigt aus den Einzelbuchstaben neue Wörter zusammenzulesen (Synthese).

Analyse
Ausgangspunkt für die Zerlegung/Zergliederung eines Wortes sind die ganzheitlich abgespeicherten Wörter (z.B. Mama, Fanta, Mars, Cola, Anna, SAT 1, Tilo, ...). Die Schüler lernen, daß diese Wörter aus Einzel„bausteinen" (Buchstaben) zusammengesetzt sind. In vielfältigen Übungen werden die seither bekannten Wörter in die Einzelelemente zerlegt. Das Ausgliedern von Buchstaben aus geschriebenen Wörtern bezeichnen wir als *optische Analyse.*

Tilo

T i l o

/t/ /i/ /l/ /o/

Parallel einher geht die *akustische Analyse.* Hierbei wird das gesprochene Wort in seine Lautbestandteile zergliedert.
Wir unterscheiden im Leselernprozeß den Buchstaben (Graphem) vom Laut (Phonem). Die Wahrnehmung und Unterscheidung erfolgt beim Graphem (Buchstaben) über den visuellen und beim Phonem (Laut) über den auditiven Kanal.
Unsere Schriftsprache stellt eine *Lautschrift* dar. Im Mittelpunkt der einführenden Übungen sollte demnach zunächst „die Beziehung zwischen den Grundelementen der geschriebenen Sprache (Buchstaben) und denen der gesprochenen Sprache (Laute) treten." (Blumenstock 1995, S. 11)

Was das Kind sich in diesem Lernprozeß unbedingt aneignen muß, ist die Kenntnis über die Korrespondenz zwischen Phonem und Graphem, also die Laut-Buchstaben-Zuordnung.

Die Einzellaute unserer Sprache sind idealtypisch Einzelbuchstaben zuzuordnen.

/m/ → M/m;
/o/ → O/o
/a/ → A/a

Schwieriger wird es für den Schüler bei Lauten wie /sch/ oder /ch/, /pf, denen mehrere Buchstaben zugeordnet werden müssen. Diese werden später angeboten.

Synthese

Sobald das Kind über eine kleine Anzahl analysierter Buchstaben/Laute verfügt, kann es mit diesen „Bausteinen" Syntheseübungen durchführen. „Um zu einem gesprochenen Wort zu kommen, muß ich die einzelnen Laute einer Reihe nach sprachlich miteinander verbinden (Lautsynthesen herstellen)" (Mahlstedt 1996, S. 18). Synthese meint also das Zusammenfügen, das Verbinden von Einzelelementen (Buchstaben, Lauten) zu einem hörbaren oder innerlich gesprochenen Wort.

Beispiel:

Die Schüler verfügen einigermaßen sicher über die Buchstaben/Laute: A/a, M/m, O/o. Mit diesen drei Buchstaben werden den Schülern Wörter oder Silben zur Synthese angeboten:

M a m a, M o m o, O m a,

a m, m a, o m, m o, ...

In der Wortsynthese erfolgt das Zusammenfügen in den meisten Fällen zunächst über die Silben und führt dann hin zum gesamten Wort. Beim Zusammenlesen entsteht eine Klanggestalt, ein gesprochenes Wort, dem parallel oder etwas verzögert der Sinn entnommen wird.

Sinnentnahme

Das „mechanische Lesen" ist eine Seite, die andere ist die Sinnentnahme aus den gelesenen Wörtern oder Texten. Wir kennen viele Schüler, die zwar mechanisch, aber nur unzureichend sinnentnehmend lesen können. Die Sinnentnahme erfolgt am Beginn des Leseprozesses weitgehend über das gehörte Wort. Wir müssen also das Kind anregen die Buchstabenfolge in eine akustisch wahrnehmbare Lautgestalt (ein gesprochenes Wort) zu übertragen, hörbar zu lesen. Die Sinnentnahme des gelesenen Wortes ist dann dem Kind über das eigen gesprochene und gehörte Wort möglich. Es entnimmt also noch nicht dem gelesenen Wort, sondern vorrangig dem gesprochenen und gehörten Wort den entsprechenden Sinn. Deshalb ist es notwendig in der ersten Phase des Syntheseprozesses weitgehend nur einfache Wörter zu verwenden, die im Sprachwortschatz des Kindes vorkommen und denen es auch bereits eine Bedeutung zuordnen kann.

Für die Sinnentnahme finden Sie bei den nachfolgend aufgeführten Übungen keine separaten Vorschläge. Die Sinnentnahme erfolgt durchgängig. Grundlagen wurden bereits bei den vorangegangenen Lesearten gelegt. Wichtig erscheint mir, daß zu dem zu lesenden Wort in der Anfangsphase auch regelmäßig ein Bild angeboten ist. Der Bezug zum konkreten Objekt, zur bezeichneten Person und zur Handlung stellt eine weitere Hilfe bei der Sinnentnahme dar. Setzen Sie vor allem Wörter ein, deren Bedeutungsgehalt den Schülern weitgehend vertraut ist.

Reihenfolge der zu lernenden Buchstaben/ Laute

Mit zu den ersten Buchstaben/Lauten gehören die *Vokale* (a, e, i, o, u), die von nahezu allen Schülern artikuliert werden können.

Bei der Auswahl der *Konsonanten* ist die allgemeine Sprachentwicklung zu berücksichtigen. Die Laute m, p, l, t, werden z.B. unter Beteiligung der Zungenspitze und der Lippen gebildet und sind demzufolge relativ leicht zu artikulieren. Diese Laute können demnach frühe „Bausteine“ bei der Analyse von Lauten/Buchstaben sein.

Für die Synthese eignen sich besonders Buchstaben/Laute, die gedehnt gesprochen werden können, z.B. MMMM-aaaa-mmmm-aaaa oder LLLL-iiiii-llll-oooo und ähnliche.

Ähnlich klingende Buchstaben, z.B. p/b, d/t oder f/v sollten möglichst zeitlich getrennt gelernt werden.

Verzichten Sie am Anfang auf Wörter mit Konsonantenhäufungen, z.B. *pf* in Apfel, Bl in Blume, *sch* in schwimmen, o.ä. Probleme treten auch bei ähnlich aussehenden Buchstaben (l/i, D/O oder d/p) auf. Hier bereitet vor allem die visuelle Unterscheidung (Diskrimination) und das Schreiben Schwierigkeiten. Es kommt zu Verdrehungen und Vertauschungen. Für die Kinder sind zu Beginn des Lese- und Schreiblernprozesses eindeutig unterscheidbare Buchstaben/Laute hilfreich.

Da viele unserer Schüler Artikulationsschwierigkeiten zeigen, gebietet es sich, schwierig zu artikulierende Laute (Phoneme), z.B. k, g, f, s, r, erst später zu analysieren.

Durch eine falsche Buchstaben-/Lautauswahl erschweren wir den Leselernprozeß und demotivieren die Schüler.
Die zu erlernenden Buchstaben/Laute sollten in einfachen Wörtern oder Texten, in der den Schüler umgebenden Schriftwelt häufig vorkommen, z.B. E/e, N/n, R/r, S/s, T/t, L/l, usw.

Gemischt-Schreibweise (Groß- und Kleinschreibung)
Jeder ausgegliederte (analysierte) Buchstabe soll vom Schüler als Groß- und Kleinbuchstaben erlernt, geschrieben und gestempelt werden. Die Gemischt-Schreibweise erhält Vorrang vor dem einseitigen Schreiben von Großbuchstaben. Das parallele Schreiben der Groß- und Kleinbuchstaben erschwert zwar den Schreibprozeß, erleichtert aber deutlich das Lesen.

Beispiel: DANIEL Daniel

INGE Inge

Bei der Verwendung der Gemischtschreibweise gelingt durch die sichtbaren Ober- oder Unterlängen der Buchstaben eine leichtere Identifizierung des Wortes. In der uns umgebenden „Schrift-Welt" (Signalwörter in der Öffentlichkeit, Aufschriften auf Verpackungen, Zeitschriften, Bücher, ...) treffen wir überwiegend auf die Gemischt-Schreibweise. Zum Lesen dieser Schriftarten müssen wir die Schüler im Unterricht kompetent machen.

Mehrdimensionale Übungsformen
Bei den nachfolgend aufgeführten Übungen zur Analyse und Synthese ist der Lese- und Schreibvorgang sehr eng miteinander verbunden.
Verknüpfte Übungen erhalten Vorrang vor dem isolierten und getrennten Vorgehen. *Lesen und Schreiben erfolgt* also *parallel.*
Bei den Lern- und Übungsvorschlägen steht das mehrdimensionale Lernen im Vordergrund.
Der Lese- und Schreibunterricht berücksichtigt die in dem Schaubild dargestellten Entwicklungsbereiche.
Beim Lesen und Schreiben kommt es zum dynamischen Zusammenspiel aller genannten Aspekte. Die Berücksichtigung möglichst aller Entwicklungs- und Wahrnehmungsbereiche ermöglicht ein ganzheitliches, handelndes Erschließen, Erkunden, Erlernen der Buchstaben und Laute (Graphem/Phonem).

Die Übungen finden demnach nicht nur an Tisch und Tafel statt, sondern auch am Boden, im Rhythmikraum, im Flur, im Freien, im gesamten Schulgebäude, vielfältige, multifunktionale und altersentsprechende Übungsmaterialien sind in den Unterricht ebenso einzubeziehen wie die Verwendung von spielerischen Elementen.
Sehr interessante Hinweise und Vorschläge zu diesem mehrdimensionalen Lese- und Schreibansatz, können Sie dem Buch von Helmut Köckenberger: „Lesen, schreiben, rechnen lernen mit dem ganzen Körper“ entnehmen.

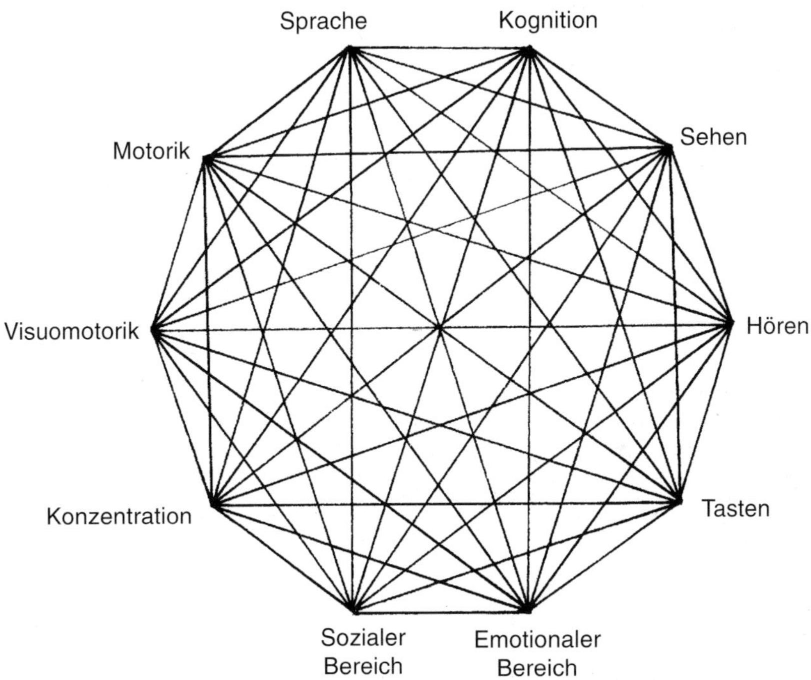

Vermitteln sie dem Schüler durch die Auswahl der Übungen und durch Ihre persönliche Rückmeldung sowie Begeisterung an der Sache Selbstwertgefühl, Selbstvertrauen und Selbstbewußtsein. Ein Kind, das sich seines Lernerfolges bewußt ist, entwickelt aus sich heraus eine eigene Motivation. Das Arbeitsverhalten nimmt mit dem Lernerfolg und der positiven Rückmeldung durch die schulischen und häuslichen Bezugspersonen zu. Kinder auf dem Weg zur Schrift brauchen Zuversicht, Geduld und den Lohn für ihre Mühen. Bei den Übungen ist u.a. die Förderung der Selbständigkeit und der Partnerarbeit ein Ziel. Weitgehend selbständig arbeitende Schüler ermöglichen eine schülerbezogene Differenzierung. Der

Lehrer kann sich auch um einzelne Schüler kümmern und muß nicht ständig die gesamte Klasse ansprechen. Notwendig hierfür ist die Verwendung von Freiarbeitsmaterialien. Viele der bereits auf den vorangegangenen Seiten aufgeführten und der nachfolgenden Übungsmaterialien entsprechen den Kriterien der Freiarbeitsmaterialien. Entwickeln und erfinden Sie für Ihre Schüler weitere Übungsmaterialien. Beziehen Sie in die Herstellung der Materialien evtl. die Schüler mit ein. Aus gemachten Erfahrungen kann ich sagen, daß manche Eltern sehr gerne bei der Produktion von Lernmaterialien für ihr Kind behilflich sind. Warum nicht also mal einen Elternabend für die Herstellung von Lernmitteln für die Schüler verwenden? Mancher Vater, der seither bei der Zusammenarbeit mit der Schule eher „außen vor“ stand, bringt seine handwerklichen Fähigkeiten gerne mit ein und entwickelt hierbei einen neuen Bezug zur Schule seines Kindes.

Übungsvorschläge zur optischen Analyse

Schreiben Sie vor den Augen der Schüler bekannte Ganzwörter auf *Kartonstreifen.* Ich lege Wert auf „vor den Augen der Schüler“. Es geht hier ganz einfach darum, daß die Schüler Sie persönlich als Schreibvorbild erleben. Mit der Schere wird das Wort nun in seine Einzelbuchstaben zerlegt und anschließend selbstverständlich wieder zusammengelegt. Der Schüler erfährt und erkennt, daß bislang ganzheitlich erfaßte und gelesene Wörter aus Einzelelementen, nämlich Buchstaben oder Lauten bestehen.

M o nika

Blankokarten
Schreiben Sie Einzelbuchstaben auf Blankokarten in Spielkartengröße. Damit lassen sich leicht Wörter legen (schreiben) und in seine Einzelelemente (Buchstaben) zerlegen/zergliedern/analysieren. Damit die Schüler die Raumlage des Buchstabens leicht erkennen, markieren Sie die untere Seite der Buchstabenkarte mit einem dünnen Querstrich. Somit ist eher gewährleistet, daß der Schüler die Buchstabenkarten richtig vor sich hinlegt.

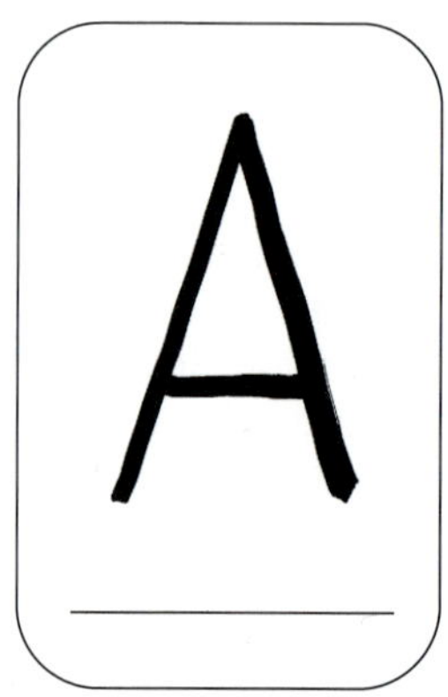

Beschriebene Blankokarte (50% verkleinert)

Buchstaben erkennen
Die Schüler legen ihre Buchstabenkarten in beliebiger Anordnung vor sich aus. Der Lehrer zeigt einen Buchstaben. Nun suchen die Schüler aus ihren Buchstabenkarten die entsprechenden Karten aus, zeigen darauf oder markieren diese Buchstaben mit einem Markierstein.

Buchstabenposter
In Zeitschriften und Zeitungen suchen die Schüler die aktuell zu lernenden Buchstaben, schneiden diese aus und kleben sie auf das Buchstabenposter. Wenn auf dem Poster die Form des Buchstabens noch wahrzunehmen ist, wird zusätzlich die Einprägung erleichtert.

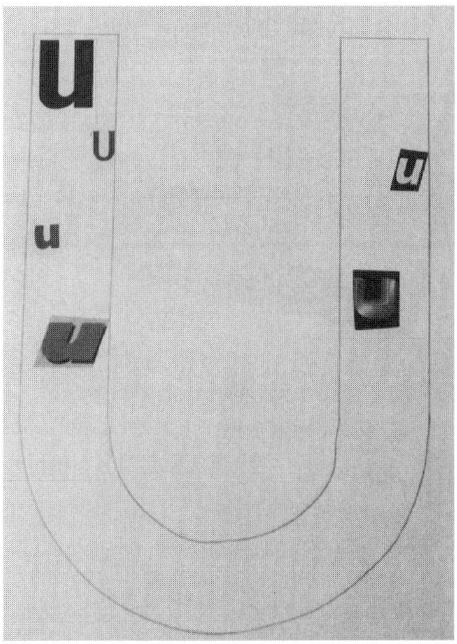

Die Abbildung zeigt ein gerade begonnenes Buchstabenposter

Memoryspiel
mit den im Unterricht verwendeten Buchstabenkarten. Hierfür eignen sich besonders auch die Blankokarten in Spielkartengröße

„Mein rechter, rechter Platz ist leer.“
Jeder Schüler bekommt eine Buchstabenkarte, die er für die anderen gut sichtbar vor sich hält oder am Pullover befestigt. Alexander wünscht sich dann auf den rechten freien Platz nicht die Simone, sondern das „A“ her.

Buchstabensuppe, Russisch Brot
Bekannte Buchstaben aus Russisch Brot oder aus der Buchstabensuppe herausfinden.

Buchstabenhaus
Die Schüler suchen aus unterschiedlichen Buchstabenkarten gleiche Buchstaben aus und ordnen diese den „Fenstern" im Buchstabenhaus zu. Selbstkontrolle: Es dürfen keine A-Karten übrigbleiben.

Buchstabenpuzzle
Sägen Sie ein dünnes Sperrholzplättchen (6 cm x 12 cm) mit der Laubsäge in der Mitte durch, so daß eine Kontur entsteht. Sofern möglich, beziehen Sie die Schüler in die Herstellung dieses Arbeitsmittels ein.

Auf einen Teil schreiben Sie den Großbuchstaben, auf den anderen den Kleinbuchstaben. Aufgabe für den Schüler:
Aus mehreren Einzelteilen das jeweils passende Paar zusammenfügen. Beide Teile greifen entsprechend dem Sägeschnitt nahtlos ineinander. Dadurch wird dem Schüler die Selbstkontrolle ermöglicht (Freiarbeitsmaterial).

Klammerkarten
Die beiden Buchstaben in der Kopfzeile der aus stabilem Karton hergestellten Karte haben verschiedene Farben (z.B. M = rot, m = blau). Der Schüler markiert mit der entsprechenden Farbe der Wäscheklammern den Groß- oder Kleinbuchstaben.
Auf der Rückseite befinden sich rote bzw. blaue Punkte, die die Eigenkontrolle ermöglichen.
Der Schüler lernt Groß- bzw. Kleinbuchstaben einander richtig zuzuordnen.

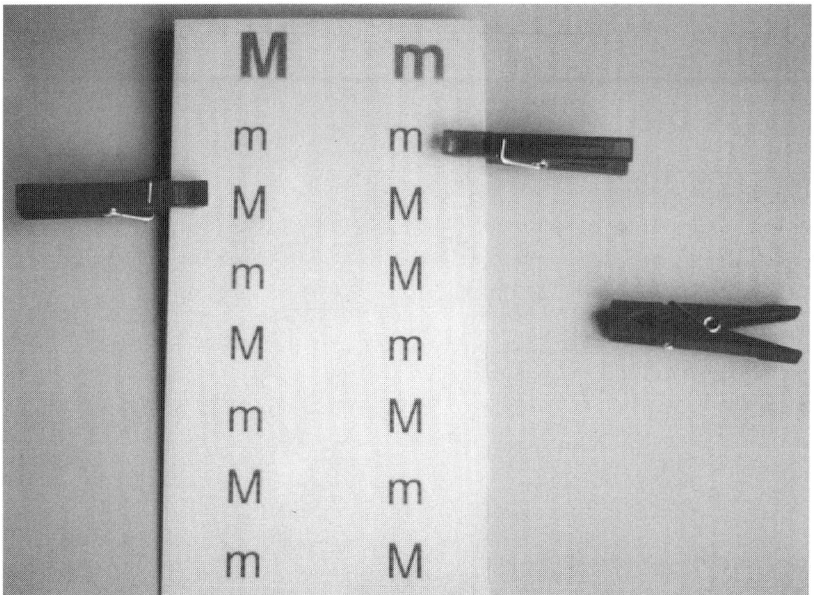

Buchstaben würfeln
und die entsprechenden Buchstabenkarten sammeln. Simone hat sechs A/a, drei M/m und vier O/o gewürfelt. Peter hat fünf A/a, zwei M/m und drei O/o in seinem Besitz. Dasselbe Spiel ist auch mit einem Buchstabenkreisel durchführbar.

Buchstabenpost
Die Form des Buchstabens wird einem Schüler mit den Fingerkuppen auf den Rücken gemalt. Die Form wird erspürt, erkannt und dann dem nächsten Schüler auf den Rücken gemalt. (Diese Übung ist schwierig und bedarf einiger Erfahrung und Übung.)

Buchstabenquartett
Je vier Karten mit dem gleichen Buchstaben beschriften. Spiel mit den Quartettregeln.

Buchstaben angeln
Aus Styroporplatten sägen wir mit der Laubsäge verschiedene Buchstabenformen aus und versehen diese am oberen Ende mit einer Schleife. Mit einem Angel- oder Magnethaken fischen die Schüler bestimmte Buchstaben aus dem Buchstabensee. Die Styroporbuchstaben (Höhe: ca. 12 cm) lassen sich auch gut als Stempel verwenden. Als Stempelfarben eignen sich Finger- oder Wasserfarben.

Das Buchstaben-Klapp-Buch
dient der optischen Identifikation gleicher Buchstaben. Der Schüler blättert so lange, bis er drei gleiche Buchstaben untereinander gefunden hat.

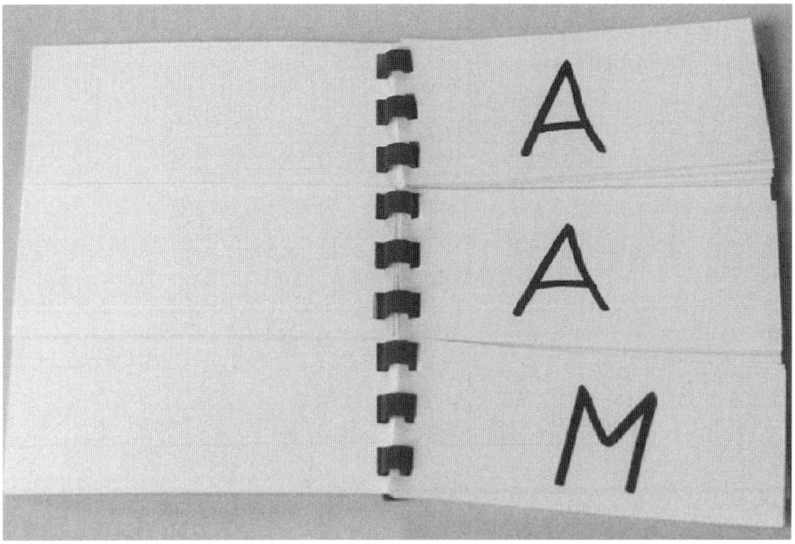

Buchstabendomino
Schreiben Sie die bekannten Buchstaben auf Blanko-Dominokarten. Im Spiel gelten die Spielregeln für Domino.

Buchstabenformen unterscheiden

Der Schüler sucht alle aufgeführten Buchstaben und malt die entsprechenden Felder in der angegebenen Farbe aus. Die farblich ausgelegten Flächen ergeben ein Motiv, so daß eine Selbstkontrolle möglich ist.

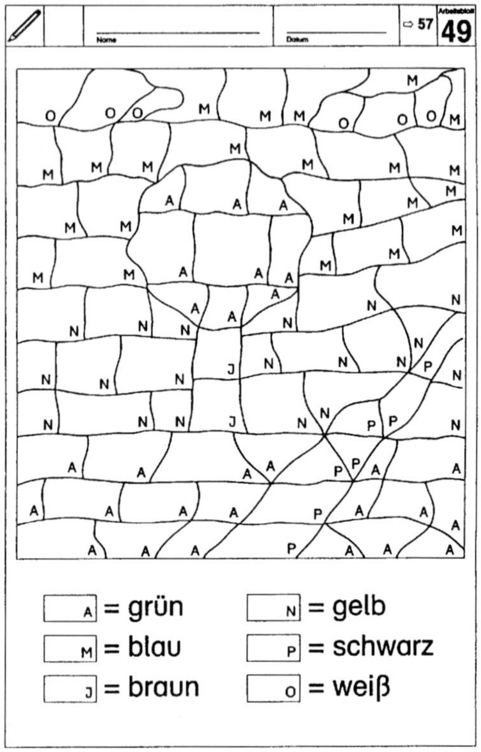

(Günthner/Lanzinger 1995, Kopiervorlagen)

Lochkasten

Den abgebildeten Lochkasten können Sie mit etwas handwerklichem Geschick selbst herstellen. Wenn nicht, dieses Übungsmittel ist auch im Handel für Freiarbeitsmaterialien käuflich zu erwerben. In den Kasten legen Sie entsprechend vorbereiteten Karten (DIN A6 -Karteikarten). Der Schüler stöpselt den Stecker in die Bohrung neben der richtigen Lösung. Bei richtiger Lösung (A → a) läßt sich die Karte herausziehen. Der Schüler kann sein Ergebnis selbst kontrollieren.

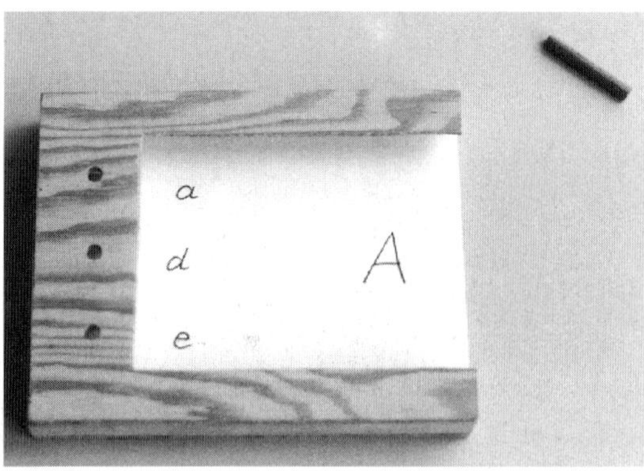

Schreiben der Buchstaben

Diese Übungen gehören doch zum Kapitel „Schreiben“ und nicht zum „Lesen“, werden sie vermutlich denken. Ich führe die Schreibübungen unter dem Schwerpunkt „Lesen“ bewußt auf, um die Verknüpfungen und die Zusammenhänge aufzuzeigen und herzustellen. Schüler, die Buchstaben lesen lernen wollen, müssen diese auch schreiben, entweder handschriftlich, mit dem PC/der Schreibmaschine oder diese stempeln.

Schreibvorübungen
mit Wachsmalstiften, Wasserfarbpinseln, Schreibstiften, ... Mit großflächigen Übungen beginnen, dann auf kleineres Format übergehen. Weiterführende Übungen zur Förderung der Schreibmotorik finden Sie unter dem Kapitel „Schreiben“.

Buchstabenformen betreten
Form des Buchstabens mit Tesakrepp auf den Boden kleben oder mit einem Seil auf den Boden legen und die Form nachgehen.

Buchstaben in Sand
schreiben lassen. Besonders geeignet erscheint feiner Vogelsand. Dünn ausgestreut auf einem Servierbrett mit Rand, läßt sich darin gut sichtbar die Buchstabenform mit den Fingern schreiben.

Buchstaben formen
Buchstaben aus Salzteig oder Knete formen. Die Möglichkeit den Buchstaben dreidimensional wahrzunehmen, erleichtert die Aneignung der Form. Markieren Sie bitte bei den selbst hergestellten Buchstabenformen, wo unten ist, damit der Buchstabe auch in der richtigen Raumlage betastet werden kann.

Auf *Sandpapierbuchstaben*
die Form mit den Fingerkuppen nachfahren. Nicht alle Schüler betasten gerne die Sandpapierbuchstaben (vgl. Montessorimaterial). Zum Nachfahren und taktilen Aufnehmen der Buchstabeform empfehle ich eher Pappe, Moosgummi, Holz, Stoff, u.ä.

Buchstaben mit *Buchstabenförmchen* (erhältlich im Spielzeughandel) mit feuchtem Sand oder Schnee formen.

Holzbuchstaben
Die Buchstabenform an einem dreidimensionalen Holzbuchstaben erkunden. Für die Schüler hilfreich ist die Möglichkeit die Buchstabenform in der Vertiefung nachzufahren. Der Finger wird durch die Vertiefung sozusagen geführt. Durch Anbringen von Pfeilen in den Vertiefungen kann der Schüler die Schreibbewegung einüben. Motorisch abgespeicherte Buchstabenformen erleichtern das visuelle und auditive Wiedererkennen der Buchstaben/Laute.

Buchstabenformen gestalten
Buchstabenformen aus Natur- oder Alltagsmaterialien legen und aufkleben, z.B. R mit Reiskörnern oder P aus Papierschnipseln

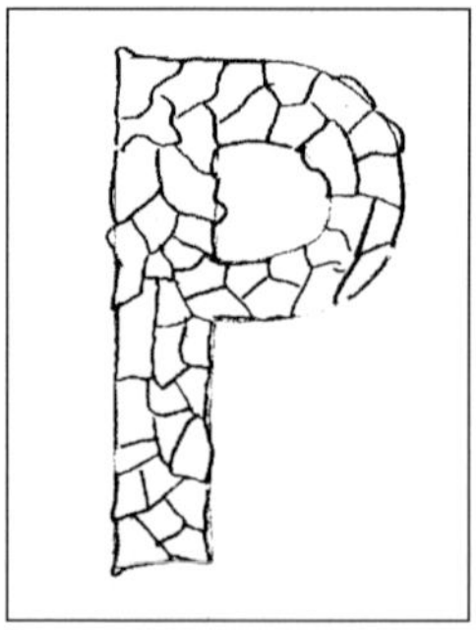

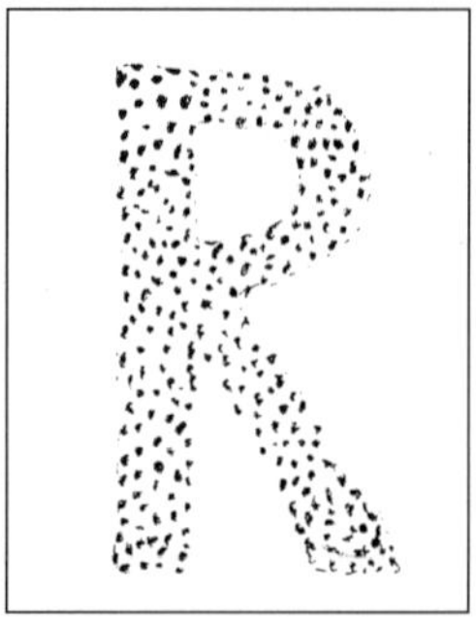

Mit einem Gardinen-Blei-Band
lassen sich auf dem Tisch oder dem Fußboden Buchstabenformen in variablen Größen legen. Das Gewicht des Bandes garantiert eine gute Handhabung und verhindert das Verrutschen.

Mit dem *Meterstab* einfache Großbuchstaben legen lassen.

Perforierte Buchstaben
Die Buchstaben auf dünnen perforierten Linien nachschreiben. Im Nachspuren überschreiben die Schüler vorgegebene Schriftzeichen. Dies ist dann angezeigt, wenn der Schüler die Buchstabenform noch nicht vollständig verinnerlicht hat.

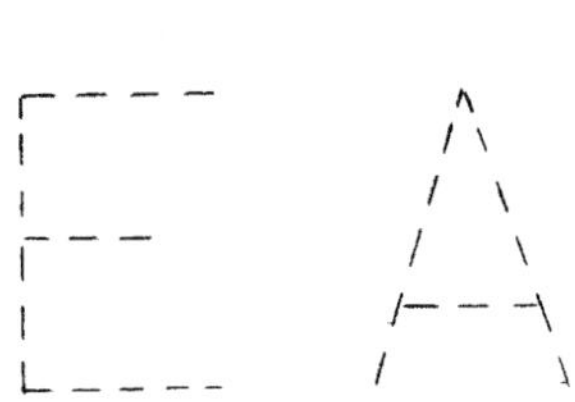

Gelbe Buchstaben

Schreiben sie die Buchstaben mit gelbem Stift auf einem Blatt vor. Der Schüler erkennt die Form und spurt diese mit einem dunklen Stift nach.

Arbeitsblätter

Fertigen Sie Arbeitsblätter (möglichst mit Konturbuchstaben) und lassen Sie die Schüler den gesuchten Buchstaben von den anderen unterscheiden/diskriminieren und nachschreiben. Das schreibmotorische Gedächtnis wird zur Speicherung des Buchstabens (Graphems) mit einbezogen.

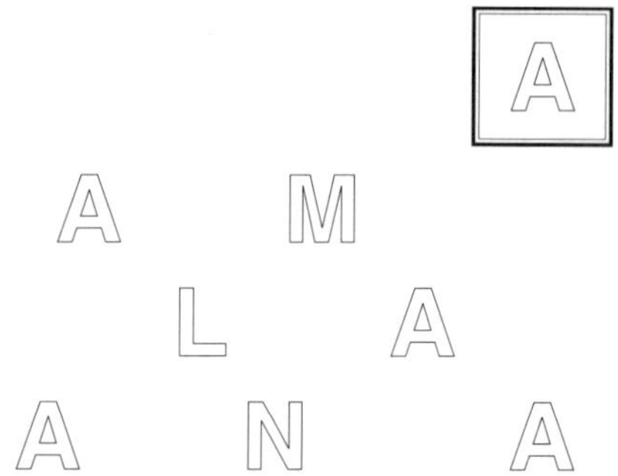

Buchstaben suchen

Im Arbeitsblatt sind Buchstaben versteckt. Durch Drehen des Blattes findet der Schüler diese Buchstaben und schreibt sie nach. Fertigen Sie Arbeitsblätter, die dem Leistungsniveau Ihrer Schüler entsprechen.

Schreiben am PC
Lassen Sie die Schüler am PC oder an der Schreibmaschine die Buchstaben oder die ersten Wörter schreiben. In vielen Fällen verhindert oder erschwert die eingeschränkte Handmotorik das graphomotorische Schreiben der Buchstaben. Indem die Schüler mit Hilfe der heute üblichen und zugänglichen Technik (PC, Schreibmaschine) die Buchstaben „schön" schreiben und ausdrucken können, erhöht sich die Motivation zum Lesen und vor allem zum Schreiben.

Übungsvorschläge zur akustischen Analyse

Buchstaben dem Laut zuordnen
Lautieren Sie ein */m/.* Die Schüler zeigen auf ihren Buchstabenkarten den entsprechenden Buchstaben M/m.

Laut dem Buchstaben zuordnen
Zeigen Sie eine Buchstabenkarte und lassen Sie von den Schülern den entsprechenden Laut benennen.

An-, End- und Binnenlaute
bestimmen (bitte in dieser Reihenfolge!). Der Lehrer oder ein Schüler spricht bei dieser Übung das Wort langsam und deutlich vor.

Gummisprache
Gemeinsam werden die bekannten Wörter stark gedehnt im Chor gesprochen, um die Laute herauszuhören.

MMMMMaaaammmmaaaa
OOOOmmmmaaaa

Durch die Gummisprache wird den Schülern klar, daß ein Wort nicht nur eine diffuse Klanggestalt ist, sondern jedes Wort aus Einzelelementen besteht. Das Gummisprechen ist wichtig für das spätere selbständige Schreiben. Schüler, die Wörter langsam vor sich hin lautieren können, sind auch eher in der Lage, diese niederzuschreiben.

„Ich sehe was, was du nicht siehst,
das fängt mit /m/ an."
Dasselbe Spiel mit „... das hört mit /m/ auf."

„Buchstabentisch"
Suchen Sie mit den Schülern Realgegenstände oder Bilder aus dem Schulalltag, die mit einem bestimmten Buchstaben/Laut beginnen und sammeln sie diese auf dem Buchstabentisch. Informieren sie bitte auch die Eltern, damit vom Elternhaus auch passende Materialien geliefert werden können. Interessierte Eltern helfen gerne mit und freuen sich, wenn sie aktiv eingebunden sind.

„Anlautposter“
In Katalogen und Zeitschriften suchen die Schüler Gegenstände, Personen oder Wörter, die mit A, O, M oder anderen Buchstaben/Lauten anfangen, schneiden diese aus und kleben sie auf das Anlautposter auf.

Laut von den Lippen ablesen
Hierzu können im Unterricht Spiegel oder Fotos mit den Mundstellungen eingesetzt werden.

Arbeitsblätter zur akustischen Analyse
Aus einer Menge von abgebildeten Objekten müssen diejenigen ausgesucht und ausgemalt werden, in denen z. B. ein */m/* zu hören ist.

(aus: Günthner/Lanzinger 1995, Kopiervorlagen)

Lautgebärden
Das gesprochene Wort ist ein verflüchtigender Eindruck. Nach der mündlichen Aussprache ist es schon nicht mehr da, nicht mehr „greifbar“, wahrnehmbar.

Um die Einzellaute eines gesprochenen Wortes nicht nur hörbar, sondern auch sichtbar zu machen, empfiehlt sich die Verwendung von Lautgebärden. Mit den Händen gebildete Lautgebärden sind Merkhilfen bei der Zuordnung eines Lautes (Phonem) zum geschriebenen Buchstaben (Graphem). Jeder neu erlernte Buchstabe wird mit einer Klanggestalt verbunden und zusätzlich – als Assoziationshilfe – mit einem Handzeichen versehen. Zum akustischen Wahrnehmungseindruck des gesprochenen Lautes kommt der ergänzende visuelle Eindruck durch die Lautgebärde hinzu. Die einzelnen Lautwerte innerhalb eines Wortes werden durch die parallele Verwendung der entsprechenden Lautgebärden „sichtbar" und erleichtern somit die Durchgliederung (Strukturierung) eines akustisch dargebotenen Wortes. Die Klanggestalt des Gesamtwortes wird in hör- und sichtbare Einzelteile (Phoneme und Lautgebärden) zerlegt. Beim Zusammenlesen (Synthese) werden Wortklanggestalten als motorische Handlungsabfolgen (Gebärdenkette) sichtbar gemacht. Aus einzelnen Lauten entsteht durch das Aneinanderfügen ein bedeutungs-, ein sinntragendes Wort. Die motorische Aneinanderreihung und Verknüpfung einzelner Lautgebärden stützt die Synthese. Die akustische Analyse, die Merkfähigkeit als auch die Synthese wird durch dieses taktilkinästhetische Merksystem erleichtert bzw. gefördert.

(aus: Günthner/Lanzinger 1995, Schülerbuch)

Übungsvorschläge zur Synthese

Sprechen Sie bei den Syntheseübungen der Schüler leise mit. Die akustische Stütze erleichtert dem Kind die Synthese und die Sinnentnahme. Vor allem mißerfolgsängstlichen Kindern verhilft die selbstverständliche Unterstützung durch die Lehrerin/den Lehrer zu einem Selbstbewußtsein. Das Kind signalisiert uns, wenn es sich das Zusammenlesen allein zutraut.

Dann nehmen wir auch unsere Hilfe zurück. Intensive Syntheseübungen sollen verhindern, daß Wörter hauptsächlich ganzheitlich gelernt und abgespeichert werden.

Silben lesen

Empfehlenswert ist, wenn zunächst kurze Silben zusammengelesen werden, z.B. MA, ma, MO, mo, usw. Aus den einfachen Silben läßt sich durch Verdopplung sehr rasch ein sinnvolles Wort lesen, nämlich Mama oder Momo. Durch Hinzufügen eines I/i ergeben sich im Nu weitere Variationen (Mimi).

Nach den o.g. doppelsilbigen Wörtern bieten sich zweisilbige Wörter mit einfachen verschiedenen Silben an, z.B. Mami, Papi, Toni, Lina, Mina, u.a. Lauttreue Wörter vereinfachen das Zusammenlesen.

Fertigen Sie für diese Syntheseübungen aus Pappe oder dünnem Sperrholz Silbenpuzzles. Hierbei wird ein doppelsilbiges Wort in der Mitte durchtrennt (schneiden, sägen), so daß eine Kontur entsteht. Mit diesen Materialien kann der Schüler auch selbständig Übungen, mit integrierter Erfolgskontrolle, durchführen.

Auf- und Abbauübungen
mit Demonstrationskarten, an der Tafel, mit dem Tageslichtprojektor und den Buchstabenkarten der Schüler

M
Mo
Mon
Moni
Mon
Mo
M

Lautgebärden
als unterstützendes System einsetzen. Langsam gebärden, um das Zusammenschleifen anzudeuten und zu unterstützen (vgl. S. 68f)

Schreiben ist die beste Synthesemethode
Ergänzend zum Lesen der ersten einfachen Buchstabenkombinationen sollen die Schüler die Wörter auch schreiben, zum einen mit den Buchstabenkarten und zum anderen mit dem Stift, der Schreibmaschine oder dem Stempelkasten. Schreiben ist eine der besten Syntheseübungen. In Beobachtungen zeigt es sich immer wieder, daß die Schüler beim Schreiben die Laute parallel mitsprechen und so im motorischen Schreibvorgang zum lautlichen „Zusammenschleifen" des Wortes kommen. (Mehrkanaliges Lernen)

Buchstaben umklappen und lesen
Befestigen Sie zwei kleine Spiralblöcke (A 7) auf einen Karton. Die einzelnen Blätter des Blockes beschriften Sie mit den bereits bekannten Buchstaben. Durch Umklappen entstehen leicht zu lesende Silben.

Buchstaben sortieren

Geben Sie den Schülern von bekannten Wörtern nur die Höhe und Größe der Buchstaben (siehe unten) an. Daneben legen Sie die passenden Buchstabenkarten. Die Schüler müssen aus den Buchstaben, in Verbindung mit der Formvorgabe, ein sinnvolles Wort legen.

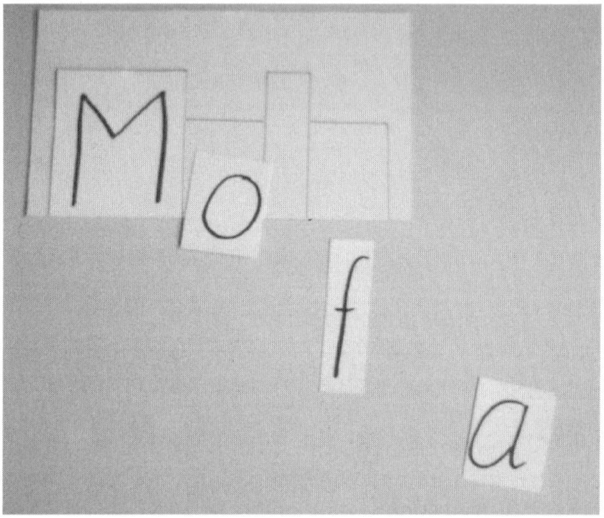

Klappbuch

Im Lehrmittelhandel können Sie Blanko-Klappbücher erwerben, die Sie je nach Lernstand der Schüler beschreiben können. Durch Umblättern einzelner Buchstabenkarten entstehen jeweils neue Wörter. Dies können sinntragende aber auch sinnlose Wörter sein. Absicht hierbei ist, die Synthese zu fördern.

Buchstaben verbinden
Die Buchstaben von sicher bekannten Wörtern ordnen Sie durcheinander auf einem Arbeitsblatt an. Mit einem Stift muß der Schüler die Buchstaben miteinander verbinden, so daß sinnvolle Wörter entstehen. Diese Übungen führen die Schüler entweder an der Tafel, auf Arbeitsblättern oder auf Overheadfolien durch. Der Umgang mit dem technischen Gerät – Overheadprojektor- weckt bei den meisten Schülern eine entsprechende Motivation.

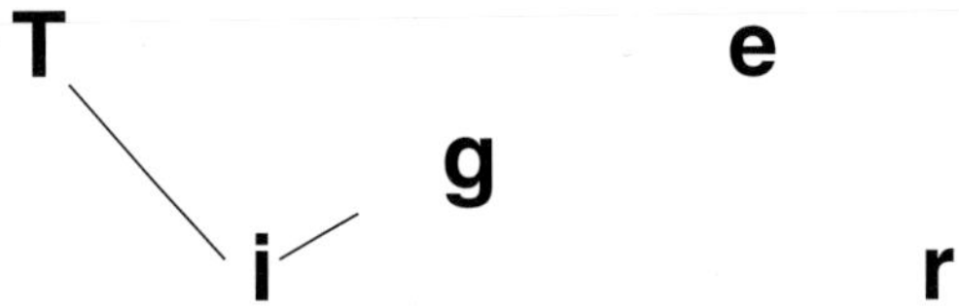

„Synthesemaschine“
Hierbei erscheinen die Buchstaben nach und nach vor den Augen der Schüler. Dieses Hilfsmittel können Sie im Lehrmittelhandel käuflich erwerben oder – noch besser – fertigen Sie im Werkunterricht mit den Schülern selbst eine ähnliche „Lesemaschine“.

Fingerlesen
Schreiben Sie auf die Fingerkuppen der Schüler einzelne bekannte Buchstaben. Je nachdem welche Finger beider Hände vom Schüler zusammengefügt werden, entsteht eine neue Silbe, die zusammengeschliffen (synthetisiert) wird.
Die Steigerung besteht darin auf jede Fingerkuppe Silben zu schreiben, so daß einfache sinntragende Wörter oder Nonsensbegriffe entstehen.

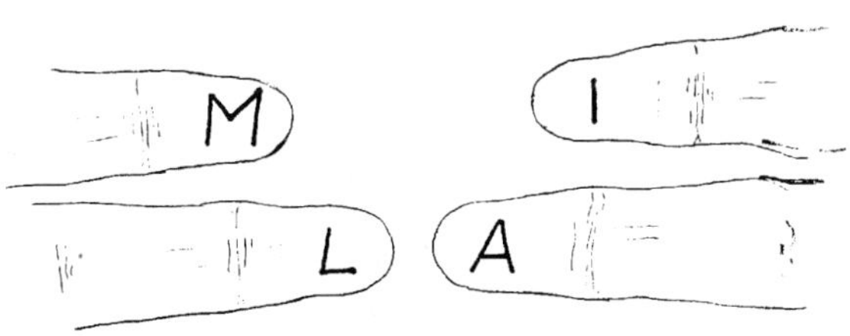

Wortschieber

Bekannte Wörter schreiben Sie (möglichst vor den Augen der Schüler – Schreibvorbild!) auf die vom Hersteller des Wortschiebers mitgelieferten Blanko-Wortkarten. Diese Karten kommen in das Gerät. Die Schüler schieben die Wortkarten aus dem Wortschieber. Das Wort kommt Buchstabe für Buchstabe aus dem Schieber, so daß die Synthese ermöglicht wird. Wenn auf der Rückseite der Karte der Gegenstand oder die Person noch abgebildet ist, kann der Schüler eine eigenständige Erfolgskontrolle durchführen. Gute Erfahrungen haben wir mit diesem Gerät in der Freiarbeit gemacht.

Puzzlewörter

Schreiben sie die bekannten Wörter auf Sperrholzstreifen. Anschließend sägen sie gemeinsam mit den Schülern die Buchstaben aus dem Holzstreifen. Es entstehen Teilelemente des Wortes. In einem zweiten Schritt – und dies ist die eigentliche Syntheseaufgabe – legt der Schüler das Wort wieder richtig zusammen. Hilfreich zur Selbstkontrolle sind die Konturen, die beim Sägen entstanden sind.

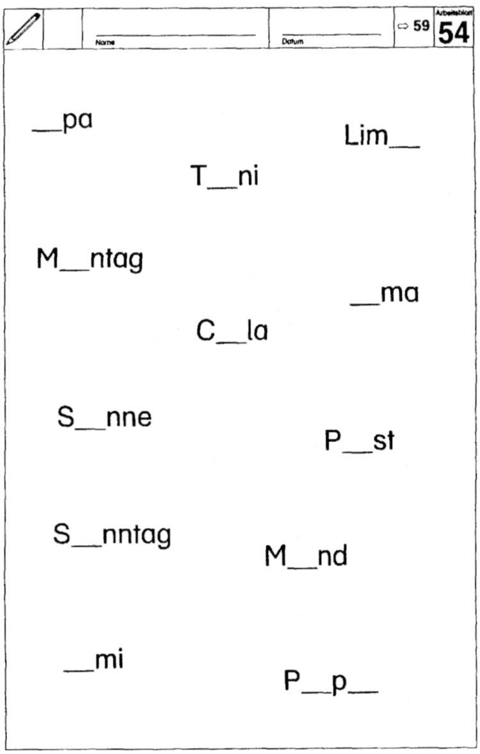

Name ______ Datum ______ ⇨ 59 Arbeitsblatt 54

__pa

Lim__

T__ni

M__ntag

__ma

C__la

S__nne

P__st

S__nntag

M__nd

__mi

P__p__

54

Wörter vervollständigen

Der Schüler ergänzt schriftlich die fehlenden Buchstaben jedes Wortes. Parallel erfolgt das Erlesen.

(aus: Günthner/Lanzinger 1995, Kopiervorlagen)

Wortteile miteinander verbinden
Bekannte Wörter werden getrennt auf ein Arbeitsblatt, die Tafel oder OHP geschrieben. Durch Striche verbindet der Schüler die passenden Wortteile.

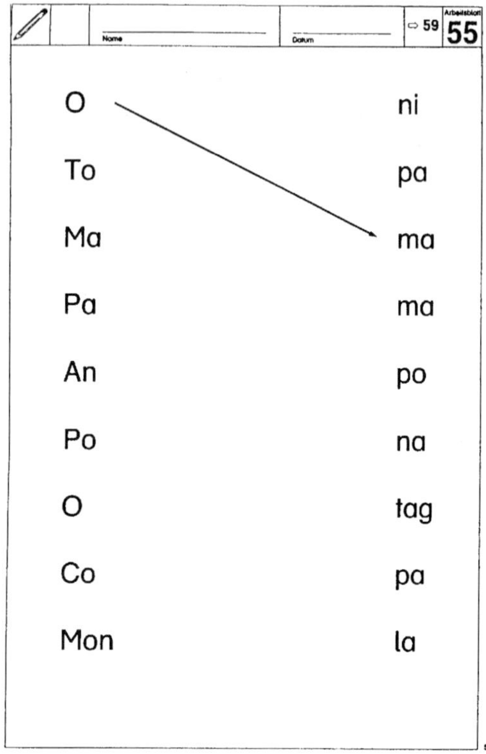
Name
Datum
⇨ 59
Arbeitsblatt 55

O	ni
To	pa
Ma	ma
Pa	ma
An	po
Po	na
O	tag
Co	pa
Mon	la

(aus: Günthner/Lanzinger 1995, Kopiervorlagen)

Übungen zur Steigerung der Lesefertigkeiten sowie der Sinnentnahme

„Überraschungslesen"
Schreiben Sie vor den Augen der Schüler auf Papierstreifen kurze Sätze und stecken sie diese einzeln in leere Filmdosen. Alle gefüllten Filmdosen kommen in eine Schachtel und werden durchgemischt. Reihum holt sich jeder Schüler eine Filmdose mit Inhalt heraus, öffnet diese und liest seinen Satz vor.

„Streichholzschachtellesen“

Schreiben sie auf der Rückseite der Streichholzschachtel z.B. den Wortbaustein „aus“. Auf den Schuber der Schachtel schreiben Sie auf der einen Seite ein „M“, auf der anderen Seite ein „L“.

Je nachdem wie der Schuber in die Schachtel eingesteckt wird, entsteht ein anderes Wort.

Der Schüler lernt, aus jedem Wort den entsprechenden Sinn zu entnehmen.

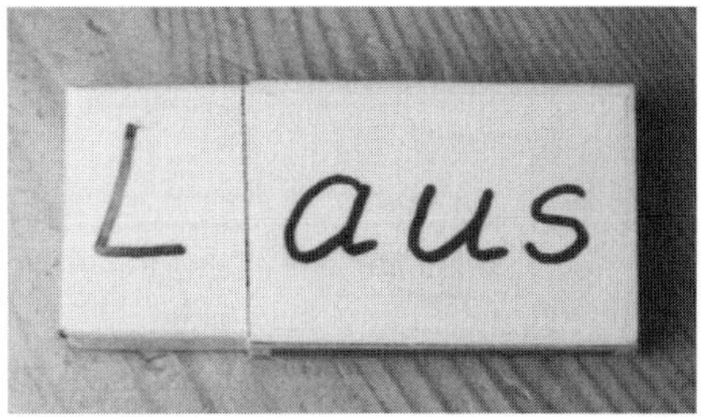

Wort zum Oberbegriff zuordnen

Kind	Schule
Fenster	Tier
Motor	Haus
Uniform	Mensch
Tiger	Auto

Begriffe, die sich reimen

essen	toben
kaufen	stehen
loben	messen
gehen	laufen

Sätze bilden

Die Hunde	fahren.
Die Kinder	summen.
Die Autos	bellen.

Wörter verbinden

Zusammensetzbare Substantive verbindet der Schüler mit einer Linie.

Bade-	schuhe
Hand-	stift
Fuß-	hose
Mai-	ball

Mit was kannst Du fahren?

Der Schüler liest die Wörter und unterstreicht oder markiert alle Fahrzeuge.

Roller Bus

Uhr Auto

Wolke Rad

Welches Wort gehört zum Bild?

Das passende Wort ist zu markieren.

Bude

Bus

Blume

Wörterkarussel

Für dieses Wortkarussel verwenden Sie am besten DIN A6-Karteikarten. Schreiben sie auf die Vorderseite der Karte ein Wort, das die Schüler lesen können. Auf die Rückseite kleben oder malen sie ein Bild des Begriffes. Die Karteikarten legen Sie in das Karussel (siehe Abbildung) ein. Der Schüler liest das Wort, entnimmt den Sinn, blättert die Karte um und erhält auf der Rückseite eine Rückmeldung über das Lesen und die Sinnentnahme. Weiter geht es mit dem nächsten Wort.

Klammerkarte zur Sinnentnahme
Hier geht es um die Sinnentnahme aus Sätzen und der entsprechenden Markierung mit unterschiedlich farbigen Wäscheklammern.
Mit diesem Arbeitsmittel – das sich auch sehr gut für die Freiarbeit eignet – können Sie speziell auf die Interessen und Bedürfnisse Ihrer Schüler sowie die örtlichen Gegebenheiten Ihrer Schule eingehen.
(Die Klammerkarte entspricht dem Beispiel auf Seite 59)

Nein | Ja

Meine Schule ist in Reutlingen.
Eningen liegt auf der Schwäbischen Alb.
Die große Kirche in Reutlingen heißt Marienkirche.
Reutlingen liegt an der Echaz.
Das Autokennzeichen von Reutlingen heißt TR
Betzingen ist ein Stadtteil von Reutlingen.
Wannweil liegt am Neckar.

Verkleinertes Beispiel einer Klammerkarte.

Versteckte Wörter
In einer Buchstabensammlung sind bekannte Wörter versteckt. Der Schüler sucht die Wörter, schreibt sie mit einem Farbstift nach oder umrandet diese.

E	T	M	A	M	A	S	K
M	S	U	H	A	U	S	L
Z	R	A	D	M	O	R	S
O	E	R	N	L	I	L	O
O	D	E	R	P	L	S	P

Pyramidenlesen/Pyramidenschreiben

Schreiben Sie in das obere Kästchen der Pyramide einen Buchstaben, z.B. „E". In der Zeile darunter finden die Schüler ein sinnvolles Wort, in dem ein „E" plus ein weiterer Buchstabe vorkommt. So geht es Reihe für Reihe weiter nach unten. Kriterium für neue Wörter: Die vorangehenden Buchstaben müssen immer wieder in den neuen Wörtern vorkommen. Die Reihenfolge kann sich ändern.

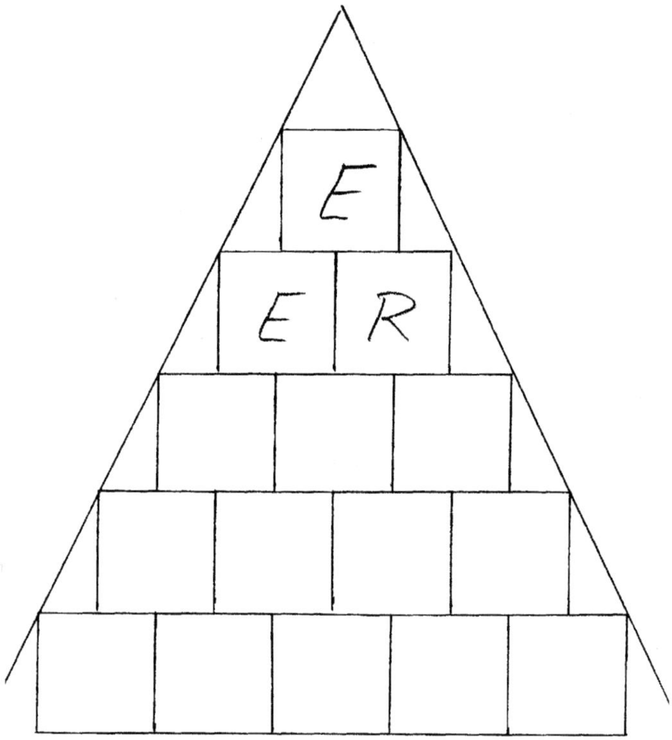

Schreiben – ein Mittel der Kommunikation

Schreiben ist eine
– *kommunikative Handlung.*
Informationen, eigene Vorstellungen, selbst Erlebtes, eigene Phantasien, werden anderen schriftlich mitgeteilt.
– *motorische Handlung.*
Das Setzen von Zeichen, das Erzeugen von Spuren, das Schreiben von Buchstabenverknüpfungen erfolgt in einem motorischen Akt, handschriftlich, mit Stempeln, mit der Schreibmaschine, der Tastatur am PC oder anderen technischen Möglichkeiten.
Beide Aspekte gilt es im Schreibunterricht bei Kindern mit besonderem Förderbedarf in diesen Bereichen zu berücksichtigen.
Schreiben stellt, genauso wie das Lesen, eine kommunikative Handlung dar. Geht es beim Lesen um die Sinnentnahme aus grafischen Zeichen (Bildzeichen oder Wörter), werden beim Schreiben grafische Zeichen zu Papier, bzw. den Bildschirm gebracht. Diese Zeichen (Kritzeleien, Bilder oder Buchstaben) besitzen für das Kind (Sender) in vielen Fällen eine Bedeutung, einen Sinn, der an andere weiter vermittelt werden soll.

Schreiber →	*"Text"* → (Inhalt, Sinn)	**Leser**
Sinn erzeugen	*Sinn vermitteln*	*Sinn entnehmen*
Codierung (verschlüsseln, schreiben) Der Gedanke wird materialisiert, auf Papier entsteht ein bedeutungstragendes Zeichen. Es handelt sich in der Regel um einen intentionalen Vorgang.		Decodierung (entschlüsseln, lesen) Dem Zeichen wird eine vermutete oder eine eindeutige Bedeutung zugeordnet. Sinnentnahme ist z.T. hypothetisch.
Leser ←	*"Text"* ←	**Schreiber**

Analog zur Sinnentnahme aus bildhaften und grafischen Zeichen, machen die meisten Kinder bereits in der frühen Kleinkindphase die Erfahrung, daß sie auch selbst grafische, nicht an Sprache gebundene Zeichen setzen können. Das Kind kritzelt, malt und schreibt.

Das Dargestellte wird von Eltern, Geschwistern oder Lehrkräften betrachtet und entsprechend interpretiert. Die Umwelt kann in vielen Fällen den grafischen Gebilden eine Bedeutung entnehmen. Durch eine entsprechende Rückmeldung (Würdigung, Lob, Zuwendung) wird das Kind in seinem Tun bestärkt und macht dabei die Erfahrung, daß es der Umwelt auch über bildhafte und grafische Zeichen etwas mitteilen (etwas sagen) kann.
Im klassischen Kommunikationsmodell (siehe oben) werden beim Schreiben (Setzen von Zeichen) vom Sender/Schreiber Gedanken, Ideen, Vorstellungen, Wünsche, Mitteilungen, etc. verschlüsselt.
Schreiben stellt die Umkehrung des Leseprozesses dar. Die gesprochene Sprache des Senders/Schreibers, bzw. dessen Gedanken werden mit Hilfe von Buchstaben (Graphemen) in Schrift übertragen.
Der Empfänger (Leser) entschlüsselt (decodiert) diese Zeichen, er entnimmt ihnen den innewohnenden oder den vermuteten Sinn, die Bedeutung.
Da wir uns beim Schreiben, also der schriftlichen Kommunikation, nicht nur der Buchstabenschrift bedienen, wird deutlich: Schreiben umfaßt, neben der Buchstabenschrift, sämtliche Vorstufen, von den ersten Kritzeleien über Kopffüßler bis hin zu den Buchstaben.
Die Annäherung des Kindes an die Schrift vollzieht sich sukzessive in einem Jahre andauernden Prozeß. Das Schreiben der Buchstaben stellt, genau genommen, den Abschluß eines lange währenden Schreiblernprozesses dar.
Für einen Teil der Schüler kommt das Buchstabenschreiben nur eingeschränkt in Betracht.
Ein Haupthindernis stellt die nicht immer ausreichende Entwicklung der Feinmotorik (Graphomotorik), die eingeschränkte Abstraktions- und Merkfähigkeit sowie das geringer ausgeprägte Symbolverständnis dar. Zudem ist das Schreiben von Buchstaben eine mühevolle Tätigkeit, auf die sich manche Kinder einfach nicht gerne einlassen wollen.
Der tägliche Umgang mit den Schülern lehrt uns, daß Kinder ein Mitteilungsbedürfnis haben. Da viele der sog. „slow learner“ im primären Kommunikationsbereich (verbale und nonverbale Sprache) Schwierigkeiten (Defizite) aufweisen, müssen wir ihnen im sekundären Kommunikationsbereich (Bildzeichen und Schrift) alternative, bzw. ergänzende Verständigungs- und Mitteilungsmöglichkeiten anbieten (vgl. die Möglichkeiten der gestützten Kommunikation). Denn das Kind kann sich über grafische Zeichen (Bilder und Schrift) der Umwelt mitteilen.
Hieraus wird deutlich: Schreiben im erweiterten Sinne begrenzt sich nicht nur auf die Buchstabenschrift, sondern umfaßt alle grafischen Möglichkeiten, mit denen sich ein Mensch den Mitmenschen verständlich machen kann.

Der erweiterter Schreibbegriff

Kurzübersicht über die zwei Aspekte des erweiterten Schreibbegriffs:

● *Stufen des graphomotorischen Schreiblernprozesses.*
Der Schüler setzt mit einem Schreibgerät bedeutungstragende Zeichen und Buchstaben.
Entwicklung des Schreibens im herkömmlichen Sinne.
- Kritzeln.
- Schemazeichnen.
- Erste Buchstabenschrift.
- Lautschrift.

Der Schüler kann nicht nur mit der Buchstaben- und der Lautschrift Sinn setzen, sondern auch durch Kritzeleien, dem Malen und buchstabenähnlichen Zeichen.

● *Schreiben mit vorgefertigten Bild- und Wortkarten.*
Für grafische Mitteilungen verwendet der Schüler Bild- und Wortkarten. Schreiben wird hierbei verstanden als sinnvolle Aneinanderreihung/Anordnung grafischer Elemente, denen der Leser eine Bedeutung entnehmen kann.

Emina →

Mögliche Bedeutung dieses Satzes:
„Ich mochte (bitte) einen Apfel".

Unter dem pragmatischen Kommunikationsaspekt bedeutet der erweiterte Schreibbegriff einerseits, daß wir den Kritzeleien, Bildern und Schriftzeichen der Kinder eine verstärkte Bedeutung beimessen, diese akzeptieren, fördern und die Verständigungs- und Mitteilungsfunktion dieser Zeichen, die der Schüler selbst zu Papier bringt, erkennen müssen. Im Unterricht regen wir die Kinder immer wieder dazu an, sich über eigen produzierte grafische Zeichen mitzuteilen, sich auszudrücken.
Andererseits bezieht sich Schreiben nicht nur auf das handschriftliche Setzen von Zeichen und Buchstaben, sondern umfaßt die erweiterten Möglichkeiten mit vorgefertigten Bild- oder Wortelementen – unter teilweisem Ausschluß der graphomotorischen Fertigkeiten – Bedeutungen, Inhalte materiell sichtbar zu machen und zu vermitteln.

Im Folgenden sind zunächst die Stufen des handschriftlich geprägten Schreiblernprozesses aufgezeigt. In einem weiteren Schritt erfolgt die Beschreibung der Möglichkeit sich mit vorgefertigten Bild- und Wortbausteinen „schriftlich“ zu verständigen. Bei beiden Zugängen zur Schrift handelt es sich nicht um konkurrierende Ansätze, sondern um einander ergänzende Möglichkeiten der grafischer Informationsvermittlung.

Stufen des graphomotorischen Schreiblernprozesses

„So kommt das Kind zur Schrift“
Jedes Kind kommt über „seinen“ individuellen Weg zum Schreiben, zum Schriftspracherwerb. Beim Vergleich der jeweiligen Aneignungsprozesse und Aneignungsstufen des Schreibens, läßt sich für unseren mitteleuropäischen Kulturraum eine bestimmte Abfolge erkennen, die nachfolgend in den wesentlichen Stufen dargestellt wird.

Kritzelstadium

1. Kritzelstadium
Ungeordnetes Hin und Her auf dem gesamten Blatt.
Hieb-, Schwing- und Kreiskritzeln.
Das Kritzeln geschieht zunächst noch ohne Absicht. Das Kind staunt über seine Ergebnisse.
Das Tun ist in der Regel lustvoll.
Es werden noch keine intentionalen Zeichen gesetzt.
Das Kind nimmt die Ergebnisse seines Kritzelns wahr. Es freut sich über die Ergebnisse, ohne daß es eine klare Vorstellung von seinem Tun hat. Eine Verknüpfung zwischen seinem eigenen Tun und der Wirkung, dem Produkt stellt sich nach und nach ein.

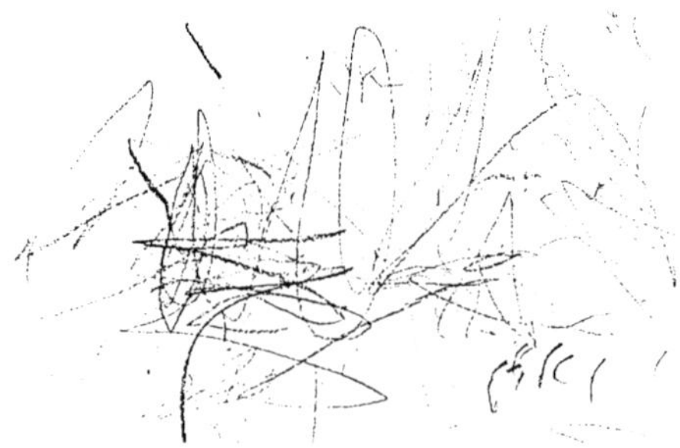

2. Kritzelstadium
Geordnetes Kritzeln.

- Horizontale Tendenz
- Linearität
- Regelmäßiges Auf und Ab
  (Zick-Zack-Linien)

Das Kritzeln wird zunehmend bewußt und mit der Absicht eines Ergebnisses durchgeführt.
Es handelt sich um das nachahmende Kritzeln.
Die in der Regel positive Rückmeldung der Umwelt verstärkt das Kind in seinen Kritzelaktivitäten. Sofern dem Kind entsprechende Materialien zur Verfügung stehen, wird es im Rahmen seiner motorischen Möglichkeiten immer wieder und zunehmend kreativer kritzeln.

Voraussetzungen fürs Kritzeln, bzw. Fähigkeiten, die dabei geübt werden können:
Stift halten können. (Die dominante Hand hat sich noch nicht herausgebildet.)
Erkennen, daß mit dem Stift Spuren gesetzt werden können.
Grob dosierter Krafteinsatz mit der Hand.
Auge-Hand-Koordination (Visuomotorik)
Visuelle Wahrnehmung
Figur-Hintergrund-Wahrnehmung Schreibblatt von Tischplatte unterscheiden und die gekritzelte Figur auf dem Papier erkennen.
Freie Beweglichkeit des Unterarms, einschließlich der Hand.

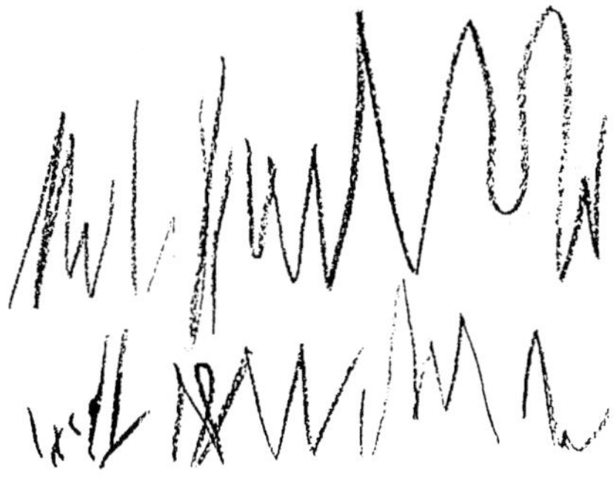

Schemazeichnen

Neben „schriftähnlichen“ Gebilden entwickeln sich erste Zeichnungen/Bilder.
Die grafischen Grundformen Linie, Punkt, Kreis, Rechteck entwickeln sich und werden vom Kind miteinander kombiniert.

Bei Zeichnungen dominieren Kopffüßler, Häuser, Bäume, Fahrzeuge, Blumen, Zäune, Tiere, usw.
Diese ersten Bildzeichen sind universelle Zeichen (fast alle Kinder in unserem Kulturkreis fangen mit diesen Zeichen an).
Es sind ikonische (anschauliche, gegenständliche) Zeichen, mit denen erste Bedeutungen fixiert werden.
Das Herstellen von Bildern hat

a) einen reinen Selbstzweck,
es macht den Kindern einfach Spaß,
sie malen für sich, und

b) eine kommunikative Funktion,
die Kinder möchten anderen (Mama, Papa Oma, Opa, der Erzieherin, der Lehrerin, u.a.) etwas mitteilen.
Die Bilder werden voller Stolz gezeigt.

„Bald beginnt das Kind jedoch seinen Bildern einen Bedeutungsgehalt zuzuordnen. Es erzählt über das Gemalte von seinem Erleben, wobei im Bild die einzelnen erzählerischen Elemente zu einem Gesamtausdruck verwoben werden" (Saussele 1998, S. 32).
Die Entwicklung der weiteren Mal-, Schreib- und Mitteilungsfunktion hängt in dieser Phase sehr stark von der Akzeptanz, der Bestätigung und vom Lob durch die Eltern oder andere Bezugspersonen ab. Bedeutsam sind Bezugspersonen, die dem Kind als Vorbild dienen, die also selbst schreiben und malen.

Voraussetzungen fürs Schemazeichnen, bzw. Fähigkeiten, die dabei geübt werden können:
Verfeinerung der zuvor erworbenen Fähigkeiten (vgl. Kritzeln).
Symbolbewußtsein und Abstraktionsfähigkeit (erkennen, daß Realgegenstände und Personen vereinfacht, bildhaft dargestellt werden können).
Analysefähigkeit (Einzelteile des Gegenstandes, der Person, der Situation erkennen und grafisch mit eigenen Möglichkeiten wiedergeben).
Synthesefähigkeit (z.B die Einzelteile eines Hauses, wie Außenwände, Haustür, Fenster, Dach, Schornstein, usw. zu einem sinnvollen Ganzen kombinieren).
Speicherfähigkeit (immer wieder vorkommende Grundmuster sind abgespeichert

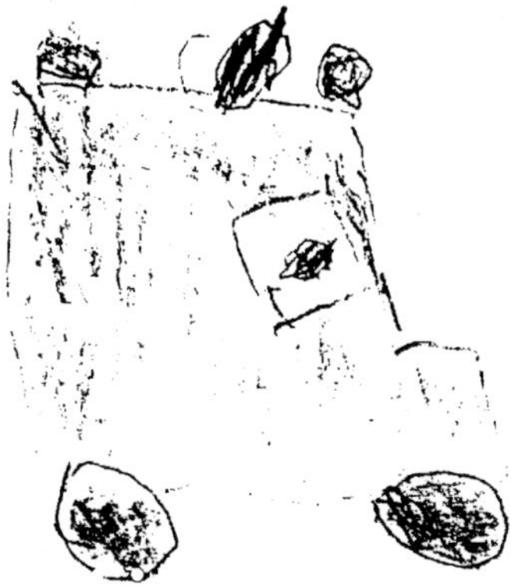

und stehen beim Malen spontan zur Verfügung, sie müssen nicht jedesmal neu bedacht werden).
Figur-Hintergrund-Wahrnehmung.
Raumlagekonstanz.

Erste Buchstabenschrift

Die vorhandenen geometrischen Grundformen, wie Linie, Kreis, Rechteck, usw. werden um Halbkreise, Ovale, Diagonalen, rechte Winkel, usw. erweitert und verfeinert.
Das Kind unterscheidet zwischen Malen und Schreiben. Immer buchstabenähnlichere Zeichen treten zutage. Eltern und Geschwister sind beim „Schreiben" starke Vorbilder. Die Kinder imitieren die „Großen". Es entwikkelt eine intrinsische Motivation, es möchte auch „schreiben" und malt die Buchstaben ab. Großbuchstaben dominieren im „Schriftbild" des Kindes. Es versucht die Schreibrichtung (von links nach rechts) einzuhalten.
Der eigene Name (Großbuchstaben), bzw. Teile davon, wird zur Kennzeichnung eigener Bilder, selbst erstellter „Schriftstücke" immer häufiger geschrieben, Kinder „unterschreiben".
Es kommt zu mehr oder weniger willkürlichen Reihungen aller bekannten und in Ansätzen vertrauten Buchstaben und Ziffern. Die Buchstaben sind spiegelbildlich, stehen auf dem Kopf oder sind unvollständig. Neue Variationen werden erprobt.
Einzelne Wörter sind voneinander getrennt.
Die Kinder verfügen über das konventionalisierte Zeichen (Buchstaben), ohne daß ihnen allerdings in allen Fällen der entsprechende Lautwert dazu bewußt wäre. Die Buchstaben Laut-Zuordnung ist noch nicht sicher vorhanden.

Die Kinder schreiben aus Spaß und weil sie vermeintlich etwas mitteilen möchten (Kommunikationsfunktion). Den Kindern wird klar, daß sie mit Buchstaben Bedeutung/Inhalte vermitteln können.
Wenn Kinder sich der grafischen Form einzelner Buchstaben im Klaren sind, üben sie diese in der sich wiederholenden Reihenschreibweise. Abgedruckt finden sie untenstehend ein Beispiel, bei dem das Kind die Buchstaben RT im Rahmen einer „Verkehrszählung“ einübte (RT = Autokennzeichen Reutlingen).

Voraussetzungen für die erste Buchstabenschrift, bzw. Fähigkeiten, die dabei geübt werden können:
Verfeinerung, der zuvor erworbenen Fähigkeiten (vgl. Kritzeln und Schemazeichnen)
Dreifingergriff des Schreibgerätes und differenzierte Feinmotorik.
Präzise Auge-Hand-Koordination.
Erkennen der Symbolbedeutung der Buchstaben, des eigenen Namens, von Wörtern überhaupt. Die grafischen Zeichen stehen für eine Bedeutung, einen Sachverhalt (erweitertes Symbolbewußtsein)
Analysefähigkeit bezüglich dem Erkennen einzelner Buchstaben in einem Wort.

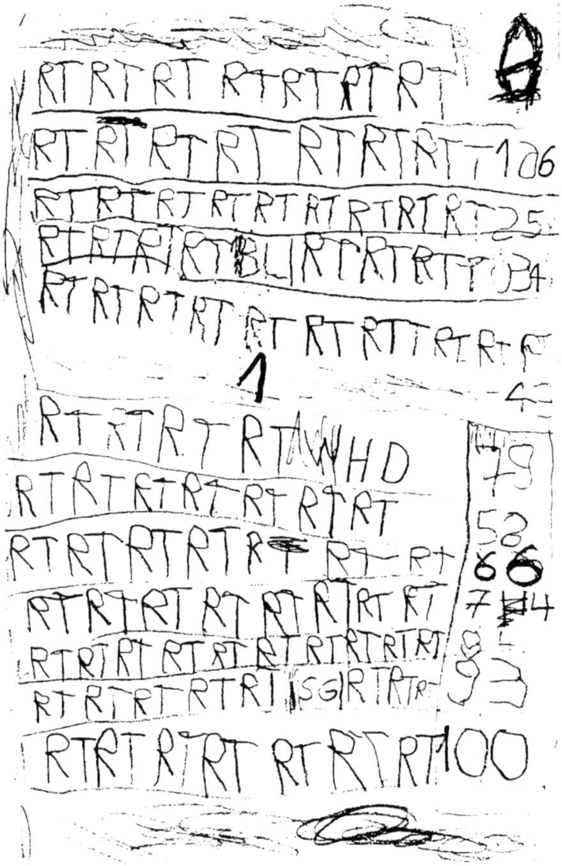

Lautschrift

Dem Kind wird zunehmend bewußt, daß Buchstaben die schriftliche Fixierung von Lauten darstellen.

Die schriftlich fixierte Zeichenfolge entspricht der Lautfolge der gesprochenen Sprache. Das Kind erkennt die Korrespondenz zwischen Buchstaben und Lautklang. Es schreibt die ersten lauttreuen Wörter, wie MAMA, OMA, PAPA, usw.

Zwischen dem fünften und sechsten Lebensjahr erreicht das nichtbehinderte Kind die biologische Reife für das Schreiben. Die Muskeln und Nervenbahnen sind nun soweit ausgebildet und ausdifferenziert, um diese graphomotorischen Bewegungsabläufe intentional und ohne großen Aufwand ausführen zu können.

Wenn das Kind bei der Stufe der Lautschrift angelangt ist, versucht es die Wörter der gesprochenen Sprache nach dem phonetischen Prinzip in Schrift umzusetzen. Dem Kind geht es darum, der selbst gesprochenen Sprache Laut für Laut den entsprechenden Buchstaben zuzuordnen. Selbstverständlich treten hierbei Probleme bei der Zuordnung, der richtigen Reihenfolge und der Buchstabenformen auf.
Lassen Sie die Schüler in dieser Phase schreiben wie sie möchten. Freuen Sie sich mit ihnen über die Schreibprodukte und den Versuch gesprochene Sprache in die abstrakte Buchstabenschrift zu übertragen. Falschschreibungen können also vorerst stehen bleiben.
Wichtig ist die Lust am Schreiben wachzuhalten und nicht durch zu frühe Korrekturen die Kinder zu demotivieren.
Wenn die Kinder erfahren oder selbst bemerken, daß richtig geschriebene Wörter leichter gelesen und besser verstanden werden, bemühen sie sich auch um die korrekte Schreibweise. Haben Sie Geduld und warten Sie auf die Frage: „Wie schreibt man das?"
Neben der Fremdkorrektur durch uns Lehrer sind Möglichkeiten der Selbstkorrektur zu bedenken. D.h., das Kind muß immer wieder die Möglichkeit erhalten, zwischen seinen Wörtern und den korrekt geschriebenen Wörtern zu vergleichen.

Voraussetzungen für die Lautschrift, bzw. Fähigkeiten, die dabei geübt werden können:

Verfeinerte Graphomotorik (Greifleistung eines Erwachsenen).
Abspeicherung der Form des Buchstabens.
Buchstaben-Laut-Zuordnung (Graphem-Phonem-Zuordnung).
Analyse- und Synthesefähigkeiten (Zergliederung eines Wortes in seine optischen und akustischen Einzelelemente, sowie deren sinnvolle Aneinanderreihung).

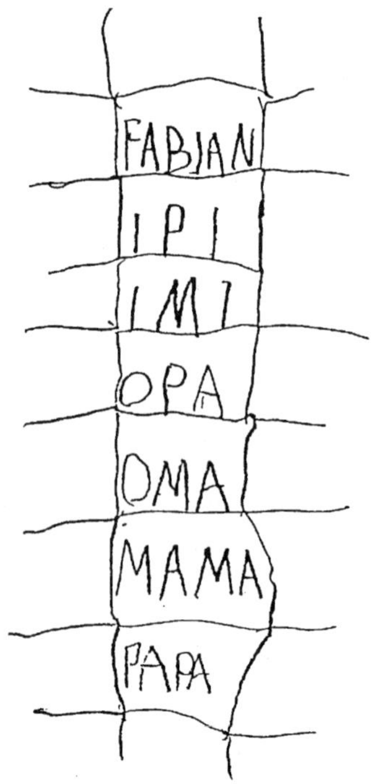

Schreiben mit vorgefertigten Bild- und Wortelementen

Das Schreiben der Buchstabenschrift ist für viele Schüler anstrengend, zeitaufwendig oder aus motorisch-funktionalen Gründen nicht zu leisten. Da die meisten Schüler ein Mitteilungs- und Kommunikationsbedürfnis haben, erhalten sie in Form von vorgefertigten Wort- oder Bildbausteinen ein Ersatzsystem zur Verfügung gestellt.
Für die Lese- und Schreibmotivation ist die Erfahrung für das Kind, aktiv selbst Sätze schreiben zu können, von eminenter Bedeutung. Die Eigenproduktion, die Erfahrung eigene Gedanken und Vorstellungen materialisieren zu können – und dies nicht nur verbal –, beflügelt viele Schüler im Schreib- und Mitteilungsprozeß.
Die Schüler schreiben kombinierte Wort- und Bildersätze, d. h. sie kleben die vorhandenen Wort- oder Bildkarten in der gedachten Reihenfolge auf ein Blatt Papier. Falls der Schüler seinen eigenen Namen im Satz bereits handschriftlich schreiben kann, verzichtet er auf die eigene Namenskarte. Um den Schülern das Schreiben komplexer Sätze und die Verwendung noch nicht schriftlich lesbarer Begriffe zu ermöglichen, ist die Verwendung von Bildern, Bildzeichen oder des Pfeiles empfehlenswert. Die Verwendung dieser Hilfsmittel bedeutet für den Schüler vor allem eine Entlastung. Mit einem verhältnismäßig geringen Aufwand gelingt es dem Kind Sätze zu bilden. Es erreicht relativ schnell sein Ziel, nämlich anderen etwas mitzuteilen.
Diese Erfahrung stellt eine wesentliche Komponente für die Schreib- oder Mitteilungsmotivation dar.
Auf Bild- und Wortkarten lassen sich Subjekte und Objekte gut darstellen. Schwieriger ist die Darstellung von Aktivitäten/Tätigkeiten. Falls hierfür keine Abbildung zur Verfügung steht oder die Schüler das Verb noch nicht lesen, bzw. schreiben können, bietet sich in vielen Fällen die Verwendung des Pfeiles an. Der Pfeil steht stellvertretend für die Tätigkeit, für das Verb.
Mit den drei Elementen *Subjekt – Prädikat – Objekt* lassen sich einfache und vollständige Sätze erstellen.
Abhängig vom Subjekt und Objekt ordnet der Schreiber dem Pfeil eine bestimmte Bedeutung zu. Beim Lesen dieses Satzes kann es zugegebermaßen zur falschen Sinnentnahme kommen. Falls sich der Leser (Lehrer, Mitschüler oder Eltern) der Bedeutung des Pfeiles nicht sicher ist, muß er dem Schreiber/Verfasser Rückfragen stellen.
In der Unterrichtspraxis zeigt sich, daß die Verwendung der Wort-, Bild- und Pfeilkarten die Schüler verstärkt dazu anregt, diese selbst geformten Sätze auch handschriftlich abzuschreiben/abzumalen. Die Sorge ist also unbegründet, die Karten könnten die Schüler vom „eigentlichen" Schrei-

ben abhalten. Das Gegenteil ist der Fall.
Stellen sie den Schülern von den bekannten Wörtern zusätzlich entsprechende Wortkarten in einer gut handhabbaren Größe zur Verfügung. Durch Aneinanderreihen mehrerer Wortkarten konstruiert das Kind Sätze, es ist literarisch aktiv. Aus anfangs noch unvollständigen Sätzen entstehen nach und nach vollständige und vor allem sinnrichtige Sätze, denen der Leser zunehmend eindeutiger die Bedeutung entnehmen kann.

Beispiele:

Ralf →

„Ralf liest im Buch"

Renate →

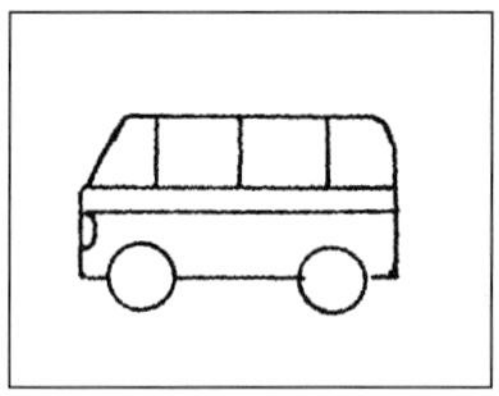

„Renate fährt mit dem Bus"

Michael →

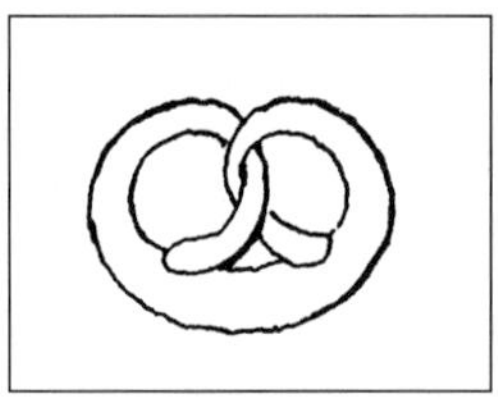

„Michael ißt gerne eine Brezel"

Mareike →

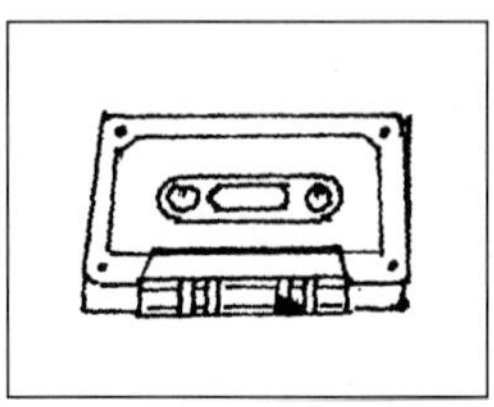

und

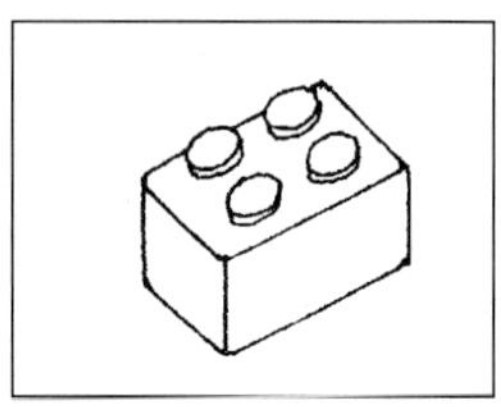

„Mareike (ich) mochte zuerst Musik hören und dann mit Lego spielen"

„Emina und Peter essen gerne eine Birne“

„Roman und Melanie spielen mit der Katze“

Indem der Pfeil durchgestrichen ist, entsteht eine Verneinung. Diese Variation des Pfeiles eröffnet in der Mitteilung neue Möglichkeiten.

„Ich (Melanie) spiele nicht gerne mit Lego“

Funktionen des Schreibens für den Schüler

Schreiben bei Schülern mit Lernbeeinträchtigungen muß im Wesentlichen vier Aspekte berücksichtigen, wobei es zunächst zweitrangig ist, ob die Kinder malen, Buchstaben schreiben oder die vorgefertigten Bild- und Wortkarten benutzen. Schreiben entspringt unterschiedlichen kindlichen Motivationen.

Schreiben (auch Kritzeln) ist Teil eines Spiels

„So-tun-als-ob“. Schreiben mit Farb- oder Bleistiften, Kugelschreibern, ...

ist eingebettet in alltägliche Rollenspiele. Wir können uns hier an der Entwicklung nichtbehinderter Kinder orientieren.
Damit das Kind ohne motivationshemmenden Aufwand das Schreiben immer wieder in sein Spielen und Arbeiten integrieren kann, deponieren Sie folgende Materialien im Klassenzimmer:
- Bank-Überweisungsvordrucke,
- Briefumschläge,
- Ansichtskarten,
- Bestellisten,
- „Strafzettel",
- Lottozettel,
- Einkaufszettel fürs Rollenspiel,
- Notiz- oder Telefonbüchlein,
-
-

Leibenspraktischer Aspekt der Verständigung oder der Mitteilung
Schreiben ist ein System zur Übermittlung einfacher oder komplexer Informationen an andere. Dies geschieht mit
- Bilderbriefen,
- Schriftbriefen,
- Postkarten (Teilnahme an Preisausschreiben oder einfache Bestellungen tätigen),
- Einladungen zu Festen,
- Glückwunschkarten,
- Plakate für Schulfeste, o.ä.,
- Schülerzeitung,
- Kurze Notizen an die Eltern

Bedenken Sie, ob kurze Informationen von der Schule an das Elternhaus evtl. vom Schüler selbst geschrieben werden kann (Normalisierung). Für Schüler, die die Buchstabenschrift noch nicht beherrschen, sind die oben erwähnten Wort- und Bildkarten hilfreich.
Bringen Sie an der Klassenzimmertür einen Briefkasten an. Nach Absprache mit den Kolleginnen und Kollegen schreiben sich die Schüler gegenseitig Bild- und Schriftbriefe. Wer einen Brief schreibt, erwartet in der Regel eine Antwort. So entsteht für den Empfänger/Leser ein natürlicher Schreibanlaß.
Nebenbei lernt das Kind, was „Absender" und „Empfänger" bedeutet.

Informationen zum eigenen Nutzen fixieren
Neben dem Mitteilungsaspekt ist vor allem das Fixieren von Informationen zum eigenen Nutzen von Bedeutung. Orientieren wir uns wieder an der

Normalität. Jedes Schulkind an der allgemeinen Schule wird frühzeitig dazu angehalten ein eigenes Merkheft zu führen.
Warum dies nicht auch bei uns als festen Bestandteil einführen? Wer die Selbständigkeit der Schüler in Bezug auf die Eigenfürsorge steigern möchte, kann solch ein Merkheft bewußt in den Unterricht integrieren. Das Eintragen von Sachverhalten ist für die Schüler zudem ein lebensnaher und in der Regel bedeutsamer Schreibanlaß. Auch hier ist, neben der Buchstabenschrift, die Verwendung vorgegebener Wort- und Bildkarten in Erwägung zu ziehen.
Stichwortartig seien einige Möglichkeiten aufgeführt:

- Telefon- und Adressbüchlein,
- Terminkalender,
- Einkaufszettel,
- Klassenkasse führen,
- Klassentagebuch: „Was haben wir heute erlebt?“
- Stundenplan abschreiben,
- Hausaufgabenheft,
- …

Auszüge aus einem Schüler-Merkheft:

Dienstag

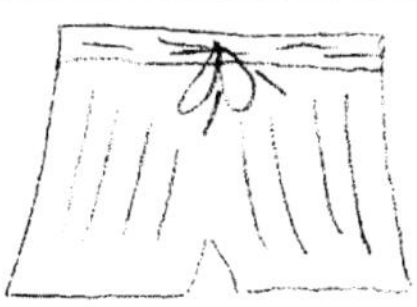
Badehose

→ Peter-Rosegger-Schule

„Am Dienstag muß ich meine Badehose (mein Badezeug) mit in die Schule bringen.“

Freitag

→

Brezel

„Am Freitag nehme ich 1.- DM für eine Brezel mit in die Schule.“

Texte verfassen
Neben den o.g. spielerisch-pragmatischen Funktionen soll der kreative und sprachgestalterische Gesichtspunkt nicht unerwähnt bleiben. Das Kind schreibt, um eine sprachliche Wirklichkeit zu schaffen. Es schreibt phantasievolle und realistische Texte.
Schreibauslöser können eigene Erlebnisse oder auch Bilder sein.
Im nachfolgenden Beispiel schreibt Melanie am Montag auf, was sie am Sonntag erlebt hat.
Sie verwendet für diesen Satz vorgefertigte Wortkarten, selbst geschriebene Wörter sowie Pfeil und + – Zeichen, als Ersatz für das Verb und die Konjunktion „und". Rechtschreibfehler bleiben unkorrigiert, um die Motivation am Schreiben aufrechtzuerhalten.
Bilder helfen bei der Gliederung eines Handlungsablaufes. Viele Kinder benötigen Bilder als Sprech- oder Schreibauslöser.
Legen Sie hierzu den Schülern Einzelbilder, Fotografien oder Bildergeschichten vor, so daß sie eigene Texte dazu verfassen können. Die Schüler bringen ihre eigenen Assoziationen schriftlich, d.h. literarisch zu Papier. Die Entwicklung verläuft hier über die reine Verwendung von Substantiven über das Einstreuen von Verben bis hin zu annähernd korrekten Sätzen.

Melanie + Jörg

→ Sonntag Feuerwehr

„Melanie (ich) und Jorg (mein Bruder) besuchten am Sonntag die Feuerwehr."

Je weniger Schreibhemmungen die Schüler haben (deshalb nicht zu früh und zu intensiv auf die korrekte Schreibweise hinweisen) desto spontaner und kreativer gehen sie an das Verfassen von eigenen Texten heran.
Aufbauend auf das Bildangebot können Sie den Schülern eine bestimmte Anzahl von Begriffen (Wörtern) anbieten, zu denen sie, ohne Bildunterstützung, eine eigene kleine Geschichte schreiben können.
Wie wäre es mit Partnerarbeit? Die Schüler sprechen sich ab und einigen sich auf eine gemeinsame Geschichte.

Zusammenfassung:
"Durch das Schreiben von Zeichen, Symbolen und Bildern können Empfindungen ausgedrückt, festgehalten und anderen mitgeteilt werden.
Das Schreiben von gesprochener Sprache eröffnet Möglichkeiten der zwischenmenschlichen Kommunikation, der Normalisierung und gesellschaftlichen Integration.
Schreiben auf allen Stufen wird als eine eigene Leistung erlebt, es wird anerkannt und hebt das Selbstbewußtsein.
Schreiben kann in vielen Lern- und Lebensbereichen als Lernhilfe dienen."
(Bayerischer Bildungsplan der Schule für Geistigbehinderte; Lehrplan und Materialien, 1983, S. 215)

Rolle der Lehrerin/des Lehrers im Schreibunterricht

„Wie dieses oder jenes Wort geschrieben wird, darauf kommt es doch eigentlich nicht an; sondern darauf, daß die Leser verstehen, was man damit sagen wollte!" (Johann W. Goethe)
Würdigen sie die Kritzeleien, Bilder und die buchstabenähnlichen Zeichen der Schüler.
Finden Sie im Einzelfall heraus, ob das Kind mit seinen Schemazeichnungen oder den Schriftzeichen „etwas sagen, mitteilen" möchte.
Aber Vorsicht! Nicht in alle grafische Zeichen des Kindes darf eine Bedeutung oder eine kommunikative Absicht reininterpretiert werden.
Um eine gedeihliche Zusammenarbeit zwischen Schule und Elternhaus zu erreichen, müssen die Eltern über den erweiterten Schreibbegriff informiert werden.
Wenn das Kind von der Lehrerin/dem Lehrer und den Eltern gleichermaßen für seine Bemühungen im Schreiben gelobt und verstärkt wird, führt dies beim Kind zu einer zunehmenden Schreibmotivation.
Die figürlichen Zeichen und Formen (vermengt mit Buchstaben) gilt es in ihrer Sinnhaftigkeit zu erkennen. Was möchte das Kind uns (oder vielleicht sich selbst) mit seinen Figuren und unvollständigen Buchstaben sagen? Wir Erwachsenen müssen auf dieser basalen Ebene wieder neu „lesen" und interpretieren lernen.
Die Produkte, also die Bilder und ersten Buchstaben, bitte auch in ihrer Unvollständigkeit akzeptieren.
Tauschen Sie sich mit dem Kind (soweit verbal möglich) über die Bilder und Schriftzeichen aus. Finden Sie heraus, was das Kind ausdrücken, sagen, mitteilen möchte. Wenn Sie den „Text" des Kindes nicht auf Anhieb verstehen, lassen Sie sich diesen vorlesen.

Reagieren Sie auf die bildhaften und schriftlichen Produkte der Kinder nicht nur lesend und mit einem verbalen Kommentar. Geschriebene (gemalte) Rückantworten an das Kind erhöhen dessen Motivation. Es entsteht eine kleine schriftliche Unterhaltung (Interaktion) mit dem Kind.

In diesem Zusammenhang können auch Verwandte oder Freunde des Kindes angeregt werden, mit dem Kind in einen schriftlichen Dialog zu treten. Ermutigen Sie (oder die Eltern) das Kind, auf den erhaltenen Brief eine Rückantwort zu schreiben. Während dem Schreiben oder am Ende wird der Brief dem Kind noch einmal vorgelesen: *„So, jetzt haben wir an einen schönen Brief geschrieben.*
Vermitteln Sie dem Kind das Gefühl, daß es durch Bilder, Wortkarten und Buchstabenfolgen auch selbst etwas mitteilen kann. Somit wird Schreiben Bestandteil der allgemeinen Kommunikationsförderung und ist eingebettet in den Unterrichtsalltag.
Die Kinder und Jugendlichen sollen die Erfahrung machen, daß sie – analog zur Sprache – auch mit Bild- und Schriftzeichen etwas erreichen und bewirken können. Schreiben erhält für die Schüler eine pragmatisch-kommunikative Bedeutung. Die positive Rückmeldung zu den Mal- und Schreibbemühungen ist der Motor für weitere Anstrengungen. Hieraus

erwächst der innere Antrieb und die Bereitschaft, die intrinsische Motivation, sich auch mit grafischen Zeichen mitzuteilen.
Schreiben (malen) ist für manche Schüler anregender und lustvoller als Lesen. Schreiben ist eine aktive Tätigkeit, bei der etwas Sichtbares/Vorzeigbares produziert wird. Lesen ist dagegen eher kognitiv orientiert, eine weitgehend gedankliche und „passive“ Handlung, bei der keine eigentlichen Ergebnisse sichtbar werden.
Seien Sie dem Kind im Schulalltag immer wieder Schreibvorbild. Machen Sie Ihre Schreibart (Druckschrift oder Schreibschrift) von der Lese-/Schreibentwicklung der Kinder abhängig.
Schüler, die sich auf der grundlegenden Ebene des Schriftspracherwerbs befinden, benötigen eher die Druckschrift. Schüler mit fortgeschrittenen Kenntnissen im Lesen und Schreiben, freuen sich über eine schöne und lesbare Schreibschrift, weil diese Schriftart Motivation sein kann eine eigene Schreibschrift zu entwickeln. Dies trifft zugegeben nur für einen geringen Teil der Schüler zu.
Legen sie im Klassenzimmer für die Schüler, die mit der Handschrift noch Probleme haben ein Ordnungssystem an, aus dem die Schüler jederzeit bereits ausgeschnittene Bild- oder Wortkarten entnehmen können, die sie zum Schreiben/Legen eines Satzes benötigen. Am besten eignet sich ein übersichtliches Ordnungssystem, das in jedem Baumarkt zu erwerben ist. Damit Schreiben ohne Verzögerung ermöglicht wird, benötigt das Kind unmittelbar greifbar Papier und einen Klebestift. Die Information, die Nachricht oder die Merkhilfe kann durch Entnehmen der entsprechenden Wort- oder Bildkarte und durch Aufkleben auf das Papier direkt erzeugt, geschrieben werden. Dieses Wort- und Bildkartensystem schließt natürlich die zusätzlicher Verwendung geschriebener Schrift nicht aus.

(Aus: Brügelmann 1989, S. 77)

Welche Schrift eignet sich fürs Schreiben lernen?

Weiter oben wurde bereits auf den Wert der gemischten Schreibweise (Verwendung von Groß- und Kleinbuchstaben) im Leselernprozeß hingewiesen. Die sog. Gemischtantiqua kommt in der Schriftwelt am häufigsten vor. Sie ist zudem leichter und schneller zu lesen als eine Schrift nur in Großbuchstaben. Die Verwendung von gegliederten Ober- und Unterlängen in den Groß- und Kleinbuchstaben erleichtert die Identifizierung und Unterscheidung der Buchstaben.
Häufig vorkommende Wortteile, sog. Wortschemata (ge, ung, sch, ei, au, ...) lassen sich bei der Gemischtschreibweise leichter abspeichern und demzufolge rascher abrufen, als bei Großbuchstaben.
Beim Schreibenlernen fangen die meisten Kinder mit den einfach strukturierten Großbuchstaben an. Sie müssen aber nach und nach auch mit dem Schreibvollzug der kleinen Druckbuchstaben vertraut gemacht werden. Die schreibtechnische Verfügbarkeit der Kleinbuchstaben erleichtert das Lesenlernen.

(Heidelberger Pädagogische Hefte 1997, S. 5)

Schreiben ist eine nicht zu vernachlässigende Syntheseübung. Damit den Schülern das Synthetisieren einfacher fällt, benötigen sie auch die Kleinbuchstaben in ihrem Schreibrepertoire.
Ob den Schülern eine Schreibschrift angeboten wird, muß von Fall zu Fall entschieden werden. Der Schüler soll, nachdem er die Druckschrift gelernt hat, selbst bestimmen, welche Buchstaben er wie und wo mit einander verbindet.
Der Erwerb einer Ausgangsschrift (verbundene Schreibschrift) würde viele der Schüler mit Lernschwierigkeiten überfordern. Das Erlernen der hierbei notwendigen Verknüpfungselemente (Anstriche, Deckstriche) stellt eine zusätzliche Schwierigkeit dar, die es zu reduzieren gilt. Bei Druckschreibern bleibt von der Form der einzelnen Buchstaben mehr an Präzision übrig, als bei Schreibern, die die lateinische oder die vereinfachte Ausgangsschrift erlernt haben.

Begleitende und unterstützende Übungen zum Erlernen des Schreibens

Ziel des Schreibunterrichts ist die Hinführen zur lesbaren Handschrift. Jedes Kind benötigt hierfür entsprechende Übungen. Diese beziehen sich nicht nur auf die Schreibmotorik (Graphomotorik), sondern tangieren neben dem grobmotorischen Bereich vor allem das Zusammenspiel zwischen visueller Wahrnehmung und Feinmotorik (Visuomotorik).
Im Nachfolgenden sind einige Übungen zur Förderung der Schreibmotorik aufgeführt, die sich weitgehend als ganzheitliche Übungen verstehen, also nicht nur für den Schreibunterricht von Bedeutung sind. Es handelt sich nicht um eine stufenmäßig angeordnete Übungsfolge, sondern um Übungen, die sich begleitend zum Schreiben lernen immer wieder anbieten. Viele der aufgeführten Übungsvorschläge kommen dem allgemeinen Lernen zugute.
Vermeiden Sie bitte reine Funktionsübungen. Am Besten ist es, wenn die Übungen regelmäßig organisch in die alltäglichen Unterrichts- und Spielaktivitäten der Schüler einfließen.

Übungen zur Förderung der Grobmotorik

Figuren und Formen auf dem Boden, auf dem Schulhof, im Sand, im Gras, im Schnee, usw. gehen.

Mit nassen Füßen über trockene Bodenplatten gehen und Spuren hinterlassen, die von anderen Schülern verfolgt werden.

Balancieren auf einem Seil, auf der Langbank, auf dem Balancierbalken des Spielplatzes, ...

jonglieren mit leichten Tüchern, mit Luftballons.

Große Bälle oder Rollfässer auf einer Linie rollen. Bälle einander zuwerfen, um die Körperkoordination zu üben.

Dreirad, Roller, Fahrrad fahren auf vorgegebenen Strecken oder zwischen Begrenzungslinien.

Schwungübungen mit dem Schwungtuch, mit Bändern, mit „Heulröhren", mit Wurfbällen (Kastanien an denen ein Kreppapierband befestigt ist). Gleichgewichtsübungen auf der Schaukel, der Wippe, u.ä.

. . .

Übungen zur Wahrnehmung im taktil-haptischen Bereich
„Fühlkisten"
mit verschiedenen Materialien. Die Kinder ertasten und benennen die in der Kiste enthaltenen Gegenstände.

Tastsäckchen
Mit einem oder mehreren Gegenständen. Die Kinder ertasten von außen oder aber ohne hineinzusehen von innen den Inhalt, benennen diesen, erzählen eine Geschichte dazu oder erfinden ein Rätsel, das die anderen Kinder lösen müssen.

Hautzeichnungen
Figuren, geometrische Formen, Buchstaben oder Ziffern werden von der Lehrerin/dem Lehrer mit dem Zeigefinger auf Rücken, Arm, Bein oder Hand gezeichnet/geschrieben und müssen vom Kind erkannt und benannt werden.

Tastwege
Die Kinder bewegen sich barfuß auf verschiedenen Unterlagen: Schaumgummi, Folie, Schmirgelpapier, Sand, Moos, Styropor, verschiedene Teppicharten, Fliesen,...

Naturtastwege
Die Kinder werden (auch mit geschlossenen Augen) über Wiese, Moos, Nadelwaldboden, kleine Steine geführt. Sie beschreiben und benennen das Material.

. . .

Übungen zur Förderung der Feinmotorik/Graphomotorik:
Tennisbälle einander auf dem Tisch oder dem Boden zurollen, aufgreifen und zurückrollen.
Zum gegenseitigen Zuwerfen eignen sich Softbälle.

Rhythmisch, musikalische Schwungübungen mit den Armen.

Perlen auffädeln.

Spielen und bauen mit duplo, Lego, Constri, Fischertechnik, o.ä. Spielmaterial.

Umgang mit Konstruktionsmaterial, bei dem das Kind schrauben und drehen muß.

Gameboy spielen oder Computerspiele mit dem Joy-Stick. Auf der Schreibmaschine tippen.

Mikado.

Häkeln, stricken, sticken.

Papier reißen und knüllen.

Plastizieren mit Knete, Ton, Salzteig,

Knüpfen und knoten mit starken und feinen Fäden, Schnüren.

Fingerhakel-Wettbewerb.

Mit Wäscheklammern Stoff oder Papier an die Leine klammern.

Papier falten.

Fingerschnippen lernen.

Schneiden mit der Schere.

Altersgemäße Fingerspiele.

Finger-Faden-Spiele.

Drucken mit handgroßen Druckstöcken oder Stempeln (dosierter Krafteinsatz).

Mit Seilen oder Bleischnüren geometrische Formen oder Buchstabenformen legen.

Labyrinthe begehen oder mit dem Stift nachfahren.

Malen mit Straßenmalkreide auf dem Schulhof oder dem Gehweg.

Großflächiges Arbeiten (bemalen, matschen,) mit Kleisterfarbe, Fingerfarbe, Rasierschaum auf horizontaler Unterlage: Tisch, Boden, ... und senkrechter Wandfläche: Wandtafel, ...

Geometrische Formen, kreative Figuren und Buchstaben an der Tafel mit farbiger Kreide nachfahren. Farbe motiviert und regt zu neuem Gestalten an.

Formen und Figuren auf großflächigem (nach und nach kleinere Formate anbieten) Papier mit Farbstiften nachfahren.

Figuren nachfahren und Schreiben auf dem Overhead-Projektor. Dieses Medium wirkt bei den Schülern in der Regel motivierend. (Vorsicht: Nicht in das Licht blicken!)

Mandalas ausmalen. Neben der Konzentration üben sich die Schüler im Einhalten von Begrenzungslinien.

(aus: Poppen: Mandalas und Schreibspaß)

Handelsübliche Übungshefte, in denen die Schüler die Schreibabläufe beim Schreiben von Buchstaben üben können, an die Voraussetzungen der Kinder anpassen.

...

Übungen zur Wahrnehmung im visuellen Bereich

Kim-Spiele

Gegenstände werden im Sitzkreis auf den Fußboden gelegt und mit einem Tuch abgedeckt.

Die Kinder benennen die verborgenen Gegenstände. Anschließend werden Veränderungen vorgenommen, zum Beispiel Gegenstände hinzugefügt, entfernt oder in ihrer Lage verändert.

Das Tuch wird kurz angehoben und wieder über die Gegenstände gebreitet. Die Kinder nennen die Veränderungen.

Blitzmalen

Eine Zeichnung mit geometrischen Formen, Buchstaben, Ziffern oder Bildern wird mit Hilfe des Tageslichtprojektors kurz eingeblendet. Kinder benennen das Gesehene, zeichnen oder schreiben es auf.

Malen mit der Taschenlampe

Der Lehrer zeichnet mit der Taschenlampe Figuren, formen, Buchstaben oder Ziffern an die Tafel. Die Kinder benennen, was sie gesehen haben.

Luftschreiben

Ähnlich wie Malen mit der Taschenlampe muß bei Buchstaben und Ziffern auf spiegelschriftliche Darstellung geachtet werden, wenn der Lehrer vor den Kindern steht.

Veränderungen wahrnehmen
- bei ähnlichen Buchstaben
- bei Bildpaaren mit Unterschieden
  (Fundgrube: Kinderzeitschriften)

Linien verfolgen
- Welche Katze spielt mit welchem Wollknäuel?
- Labyrinth

Schreib- und Malspiele
bei denen Punkte durch Linien zu verbinden sind
(Vorschläge z. T. entnommen aus:
Heidelberger Pädagogische Hefte, Heidelberg 1997)
Weitere Übungsvorschläge finden Sie in: Pauli/Kisch: Geschickte Hände, 1996.

Bedingungen im Klassenzimmer, um das Schreiben zu fördern

Damit Schüler spontan mit Schreibwerkzeugen etwas zu Papier bringen, Zeichen und Spuren setzen, etwas mitteilen können, müssen im Klassenzimmer u.a. folgende Bedingungen geschaffen werden:
Einrichten einer separaten Ecke, in der ohne großen Aufwand spontan gekritzelt, gemalt, gestempelt, getippt, geschrieben werden kann.
In der Regel reicht ein „Schreibtisch" mit einem offenen Regal, in dem die „Büromaterialien" zur Verfügung stehen.
Grundsätzlich sollte ein Teil der Wandtafel den Schülern zum Malen und Schreiben zur Verfügung stehen.

Materialien

Papier in verschiedenen Größen, Stärken und Farben.
Fixiermaterial (Klebestreifen) ist dann notwendig, wenn das Kind noch nicht sicher beidhändig arbeiten, also mit der einen Hand das Blatt festhalten und mit der anderen schreiben/malen kann.
Für Kinder, die Buchstaben schreiben, auch linierte Blätter bereithalten, wobei die Linienabstände abhängen von den gezeigten graphomotorischen Leistungen. Die Kinder nicht zu früh in die Lineaturen zwängen. Vorrangig ist die Schreibmotivation und nachgeordnet das „Schönschreiben".
Stifte in unterschiedlichen Stärken und Farben
Wachsmalstifte,
Holzmalstifte,
Pinsel und Wasserfarben,
Straßenmalkreide,
Buchstabenstempel,
Holzbuchstaben,
Buchstabenkärtchen mit Setzleiste,
Schreibmaschine,
Personalcomputer mit einem einfachen Schreibprogramm,
....
Formulare, Lottozettel, Überweisungsträger, usw. zum Ausfüllen mit dem Stift oder der Schreibmaschine. Die Kinder und Jugendlichen benötigen diese Materialien zum spontanen Üben, fürs Rollenspiele, zum „Schreiben wie die Großen".
(siehe auch im Absatz: Schreiben als Teil eines Spiels)

Integration von Lesen und Schreiben in den täglichen Unterricht

Tagesübersicht (zeitliche Orientierung)
Stundenplan (Bilder, Piktogramme, Schrift), Ämterplan, Reihenfolge des Tages selbst ordnen, d.h. legen, schreiben, anschauen, deuten, lesen. Ausfüllen des Essenbestellzettels an Ganztagesschulen.

Orientierung im Schulhaus und auf dem Schulgelände
Zeichen und Symbole zur räumlichen und sozialen Orientierung: Garderobe, Klassenzimmer, Fachräume, Kennzeichnung der eigenen Arbeitsmittel, des Schulranzens, des eigenen Arbeitsplatzes oder meines Regalfaches.

Morgenkreis
Schüler bringen Bilder (Ansichtskarten, o.ä.) mit, die Anlaß zur Betrachtung und zum Erzählen sind.

Tages-/Wochenplan
Die Schüler erhalten die Pflicht- und Wahlaufgaben für den Tag/die Woche schriftlich oder mit Bildzeichen vom Lehrer.

Geschichten/Märchen vorlesen
Schüler malen ein Bild dazu, die Idee, der Gedanke wird in Form von Zeichen zu Papier gebracht, materialisiert

Kochrezepte
Lesen, ordnen, verbalisieren und danach handeln.

Baupläne
z.B. Lego, duplo, Baufix, Material anschauen, Teile mit Plan vergleichen und bauen, reflektieren.
Im Werkunterricht größere Werkteile nach Plan bauen.

Lerngang
Verkehrszeichen, Bilder, Piktogramme, Aufschriften, Werbetafeln, Stadtpläne lesen.
Eigene Piktogramme entwickeln, kleine Lagepläne malen.

Wandertag
Wetterkarte, Wanderkarte, Fahrplan lesen.
Schnitzeljagd, Spuren legen.

Einkaufszettel
schreiben, Bilder oder Piktogramme aufkleben.

Sportunterricht
Übungspläne auf Bildern lesen oder selbst aufzeichnen. Abbildungen der Sportgeräte in einem Sportordner.

Musik/Rhythmik
Silben klatschen (wichtig für die akustische Analyse und die Synthese).

Eltern-Info-Heft
Daraus vorlesen lassen oder selbst vorlesen.
Kinder teilnehmen lassen, beim Schreiben in dieses Heft.

„Schülerkonto"
Mitgebrachtes Spar- oder Kochgeld vom Schüler selbst in sein Kontobuch eintragen und verwalten lassen.

Zeitungen, Zeitschriften, Bilderbücher, Comics, usw.
im Klassenzimmer auslegen.
Täglich aus der Zeitung vorlesen oder diese selbst anschauen lassen.

Das Eigenlesebuch in der Schule für Geistigbehinderte

Auf dem Buch- und Lehrmittelmarkt gibt es für Kinder und Jugendliche mit geistiger Behinderung nur wenig, uneingeschränkt geeignete Bilder-, Lese- und Schulbücher.
Für nichtbehinderte Kinder konzipierte, geschriebene und illustrierte Sach-Bilderbücher treffen nur bedingt das Interesse und die Bedürfnisse lernbeeinträchtigter Heranwachsender.
Oft sind die käuflichen Sachbücher zu komplex, so daß Kinder/Jugendliche mit kognitiven Beeinträchtigungen den Bildern und Texten nur zum Teil Informationen entnehmen können.
Auf ähnliche Schwierigkeiten stoßen wir bei der Verwendung von Lese- und Schreiblehrgängen. Es ist nicht zu verantworten und nicht zu rechtfertigen, z.B. einer 15 jährigen Schülerin, die im Leselernprozeß auf den Anfangsstufen der Analyse und Synthese steht, also in diesem Leistungsbereich mit einem Erstkläßler vergleichbar ist, eine herkömmliche und für Nichtbehinderte konzipierte Erstlesefibel anzubieten. Die Texte und die Lebenswelt, die hier abgebildet und thematisiert werden, entsprechen in keiner Weise der Lebensrealität des 15-jährigen entwicklungsverzögerten Mädchens.
Dies führt dazu, daß diese Bücher bei unseren Schülern z.T. Langeweile und Desinteresse auslösen, was sich für das Lernen im Allgemeinen und das Lesen im Speziellen geradezu kontraproduktiv auswirkt.
Bilder und Texte in Büchern regen dann zum Lesen und zur Auseinandersetzung an, wenn sie die Interessenlage und die Bedürfnisse des Lesers treffen und die Themen von aktueller Bedeutung sind.
Diese optimale Passung zwischen dem Angebot der Sach-Bilderbücher und den Lesekursen sowie der Interessenlage von Schülern mit besonderem Förderbedarf ist nur in seltenen Fällen zu erreichen.
Aus diesem täglich erfahrbaren Dilemma kann uns das selbst hergestellte Bilder- oder Eigenlesebuch ein Stück weit heraushelfen.

Was ist ein Eigenlesebuch?

Beim Eigenlesebuch handelt es sich um ein Produkt, in dem schülerorientierte Bilder und Texte zusammengefaßt und in Buch- oder Heftform gebracht werden. Der Begriff Eigenlesebuch wird in einem erweiterten Sinne benutzt und ist nicht nur auf den Leselern- und Leseübungsprozeß beschränkt. Das Eigenlesebuch dient z.B. auch dazu, Unterrichtsinhalte zu dokumentieren und nach Abschluß der Unterrichtsvorhaben die erarbeiteten Materialien den Schülern, Eltern und Lehrern weiterhin zugänglich zu

machen und präsent zu erhalten.
Inhalte und Form des Eigenlesebuches werden von den Schülern mitbestimmt. Bei der Herstellung sind die Schüler aktiv beteiligt. Es ist kein neutrales „fremdes" Buch, sondern ein Buch, mit dem sich jeder beteiligte Schüler identifizieren kann, ein Buch, das Selbstbewußtsein erzeugt. Das Eigenlesebuch ist ein individuelles Buch, da jeder Schüler bei der Gestaltung seine eigenen unverwechselbaren Akzente setzt.
Nicht nur die Herstellung des Buches ist bedeutsam und lernfördernd, auch als Nachschlage-, Erinnerungs- und als Lesebuch besitzt es einen hohen Stellenwert.
Das Eigenlesebuch entspricht dem sonderpädagogischen Prinzip der Individualisierung. Das Kind/der jugendliche kann sein eigenes und persönlich geprägtes Buch produzieren, das seinen Interessen und Fähigkeiten im Schreiben und Lesen entspricht.

Formen des Eigenlesebuches

*Eigen*bilder*buch*

Vor allem für jüngere Schüler und für Schüler, die noch keine Buchstabenschrift lesen können, ist das Eigenbilderbuch der geeignete Einstieg in die Herstellung und den Gebrauch eines Eigenlesebuches.
Im Eigenbilderbuch finden wir Bilder, Zeichnungen oder Bildzeichen (Piktogramme). Dies können Bilder von Personen, Tieren, Spielsachen, Landschaften, Räumen, Tätigkeiten, usw. sein, die für die Schüler von aktueller Bedeutung sind oder waren.
Die Bilder können entweder ohne thematischen Zusammenhang nachein-

Bilderlesebuch – ohne thematische Ordnung

ander in das Buch eingeklebt oder nach bestimmten Kriterien und Themenzusammenhängen sortiert und eingeordnet werden.
Ergänzt werden die Bilder ggf. durch eigene „Textproduktionen", (gemalte Bilder, Schrift- und Buchstabenzeichen) der Schüler.

*Eigen*lese*buch*
Beim Eigenlesebuch kommen, ergänzend zu den Bildern, schriftliche Texte als zusätzliche Informationsträger hinzu (Bildunterschriften, Sachtexte, Gedichte, kurze Geschichten, usw.).
Die Texte sind einerseits von den Schülern selbst produziert oder andererseits aus Büchern oder Heften entnommen.
Das Eigenlesebuch bietet uns eine große Bandbreite an Möglichkeiten. Am verbreitetsten ist das erweiterte Eigenbilderbuch mit nur einem Wort oder einem Satz als Bildunterschrift. Für gute Schriftleser kann der Textanteil individuell vergrößert und anspruchsvoller gestaltet werden.
Im Eigenlesebuch lassen sich alle Informationsträger des erweiterten Lesebegriffs integrieren: Bilder, Bildzeichen, Signalwörter, Ganzwörter und Texte. Da die Schüler dieses Buch auch weitgehend selbst gestalten und herstellen, tauchen hier ebenso alle Gestaltungs- und Schreibmöglichkeiten des erweiterten Schreibbegriffs auf, z.B. selbstgemalte Bilder, Wörter in Großbuchstaben, Sätze in Gemischtschreibweise, usw.

Themenorientiertes Lese- und Arbeitsbuch
Hierbei werden die in einer abgeschlossenen zeitlichen Epoche erarbeiteten Materialien (Bilder, Arbeitsblätter, Texte, Prospekte, usw.) zu einem Buch zusammengefaßt. Bei diesen themengebundenen Lese- und Arbeitsbüchern kann es sich um Bücher mit einem sehr unterschiedlichen Seitenumfang handeln. Angefangen beim Büchlein über ein sehr enges Thema („Unser Schullandheim in Tieringen"), das nur wenige Seiten enthält, bis hin zum umfangreichen Buch, in dem ein zeitlich ausgedehntes Unterrichtsvorhaben (Projekt) mit Fotografien und Texten dokumentiert wird („Ich wohne in Kirchheim, Brigitte in Lenningen, Klaus in ...).

Inhalte der Lesebücher
Die Inhalte der Lesebücher orientieren sich weitgehend an den Unterrichtsinhalten oder den gemeinsamen Vorhaben in und außerhalb der Schule. Ein Großteil der im Bildungsplan aufgeführten Themenbereiche können als Inhalte für das Eigenlesebuch dienen. Im Folgenden sind mögliche Themen des Eigenlesebuches aufgelistet:
- Meine Familie – meine Freunde
- „Spaghetti, Pommes, Erdbeereis – meine Lieblingsgerichte" (Rezeptsammlung)

- So wohne ich zu Hause/in meinem Dorf/meiner Stadt
- Ein Loch im Zahn und die Folgen „aua“
- Wechsel der Jahreszeiten
- Gemüse, Beeren, Unkraut – unser Schulgarten
- „Unser Hoppel-Hase. Wir versorgen ein Haustier.“
- Unsere Wanderung/Schulausflug zum ...
- Unser Schullandheim in ...
- Unser Besuch bei den „Krokofanten“ und den „Brüllaffen“
- „Voll gut!“ Unser Besuch im Museum.
- Unser Schulfest/Sportfest
- „Vom Lebkuchen zur Krippenfeier“ – unser Weihnachtsfest mit den Eltern
- Gemeinsame „Äkschen“ mit unserer Partnerklasse der Realschule

Funktionen des Eigenlesebuches

Medium der Kommunikations-, Lese- und Schreibförderung

Die Eigenlesebücher sollten während der Erstellung und nach der Fertigstellung den Schülern im Klassenzimmer frei zugänglich sein. Sofern die Bücher interessant sind, können wir immer wieder beobachten, daß sich die Schüler ihre Bücher in den sog. Freiphasen aus dem Regal holen, allein darin schmökern oder mit einem Partner sich über diesen oder jenen Sachverhalt unterhalten. Wichtig erscheint mir, daß im schulischen Tagesablauf immer wieder solche Zeit- und Leseräume vorzusehen sind, in denen die Schüler sich ihren eigenen Büchern zuwenden können. Die Bücher bieten somit Gesprächsbasis für Schüler untereinander. Da es sich in der Regel um gemeinsam erlebte Unterrichtsinhalte handelt, ist die Wahrscheinlichkeit eines gelingenden Dialogs zwischen den Schülern recht groß.

Selbstverständlich kann das Buch auch Grundlage von Gesprächen zwischen Schülern und der Lehrerin und somit z.B. Medium der Kommunikations- oder Leseförderung sein. Ein Schüler ist viel eher dazu bereit, anhand eines Bildes, auf dem er womöglich selbst abgebildet ist, in ein Gespräch einzusteigen. Dies ist vor allem für die Schüler von Relevanz, für die derzeit das Bilderlesen eine besondere Bedeutung hat. Selbst verfaßte Texte von eigenen Erlebnissen regen viel stärker zum Lesen an als Texte, die nur bedingt mit der Interessenlage des Schülers zu tun haben.

Für Schüler, die Schrift lesen können, kann ein Eigenlesebuch eine wahre Fundgrube an Erkenntnissen sein. Eigenlesebücher wirken außerordentlich lesemotivationsfördernd.

Bilder und Texte aus dem eigenen Erfahrungsbereich erleichtern das sinnentnehmende Lesen, da der Schüler aus eigenem Erleben weiß, um was es bei den Signal- oder Ganzwörtern, bzw. den Texten geht. Bei der

Erstellung der Eigenlesebücher haben wir darauf zu achten, daß die Bilder und Texte dem Leistungs- und Bewältigungsniveau der Schüler entsprechen, so daß sich die motivationsabträgliche Unter- oder Überforderung in Grenzen hält.
Die Lesebücher haben im Unterricht zudem eine methodische Funktion. Es wird gezielt an und mit ihnen gearbeitet, um bei den Schülern einen Lernzuwachs im Lesen und Schreiben zu erreichen.
Darüber hinaus stehen die Bücher den Schülern auch in der Freizeit (in Schule und Elternhaus) zu Verfügung.

Unterstützung von Lesekursen
Eigenlesebücher stehen nicht in Konkurrenz zu den Lesekursen. Das Gegenteil ist der Fall, sie flankieren, ergänzen und erweitern den Lese- und Schreibkurs. In einem handelsüblichen Lesekurs, auch wenn dieser für die Schule für Geistigbehinderte konzipiert ist, lassen sich die örtlichen Besonderheiten einer Schule sowie die spezifischen Interessen, Bedürfnisse und Lernbesonderheiten der Schüler nicht berücksichtigen. Demzufolge ist es geradezu notwendig, parallel oder ergänzend zu den Lese- und Schreibkursen mit den Schülern Eigenlesebücher zu erstellen, in denen sich die Schüler persönlich wiederfinden.

Dokumentation des Unterrichts
Bei der unterrichtlichen Realisierung der Themenbereiche des Bildungsplans werden häufig auch Arbeitsblätter eingesetzt, um Sachverhalte durch Bilder, Zeichnungen, Grafiken und kurze Texte zu veranschaulichen. Schüler bearbeiten diese Blätter oder malen zum Thema eigene Bilder bzw. schreiben einzelne Wörter oder kurze Texte.
In vielen Fällen werden die mit den Schülern bearbeiteten Blätter im Leitzordner oder einem Schnellhefter abgelegt. Nur selten blättern die Schüler nach Abschluß eines Vorhabens/einer Epoche noch einmal in den eingehefteten Blättern und Materialien. Wenn die Schüler dann doch einmal öfters im Leitzordner oder im Schnellhefter blättern, haben wir es sehr bald – weil die Lochung ausreißt – eher mit einer Loseblattsammlung zu tun. Die Wahrscheinlichkeit, daß ein loses, ausgerissenes Blatt im Papierkorb landet, ist dann sehr groß. Frustration, auf Seiten des Schülers, der Lehrerin, aber auch der Eltern wird die Folge sein.
Im Eigenlesebuch/Eigensachbuch binden die Schüler die Arbeitsblätter, die selbst gemalten Bilder, die geschriebenen Texte und weitere Arbeitsmaterialien zusammen. Die so entstandene Unterrichtsdokumentation regt viele Schüler zum Nachschlagen und zum Lesen an.

Zusammenarbeit mit Eltern

Neben der o.g. Binnenfunktion (Bedeutung innerhalb der Schule) hat das Lesebuch auch eine sehr stark nach außen orientierte Bedeutung.

In der Regelschule können sich die Eltern anhand der Schulbücher ihres Kindes über die aktuellen Unterrichtsinhalte informieren. Diese Möglichkeiten fallen in der Schule für Geistigbehinderte mangels entsprechender Schulbücher weitgehend weg. Das Eigenlesebuch/Dokumentationsbuch kann hier ein klein wenig Abhilfe schaffen. Indem wir das Lese- oder Arbeitsbuch den Eltern zur Einsicht aushändigen, erhalten diese einen weiteren Einblick in die schulische Arbeit. Wir machen mit diesem Medium unseren Unterricht nach außen hin transparenter. Zudem bieten wir mit dem Buch den Eltern Materialien, mit denen sie sich in der häuslichen Freizeit mit ihrem Kind evtl. beschäftigen können. (Ästhetische) Bücher haben als Lernmedium bei den Eltern ein sehr hohes Ansehen. Beiträge der Eltern (z.B. Bilder) lassen sich leicht in die Eigenlesebücher integrieren, so daß die Eltern partiell auch die Rolle des Mitproduzenten/Lieferanten einnehmen. Sie rezipieren nicht nur. Und das macht das Buch als Bindeglied zwischen Schule und Elternhaus so wertvoll.

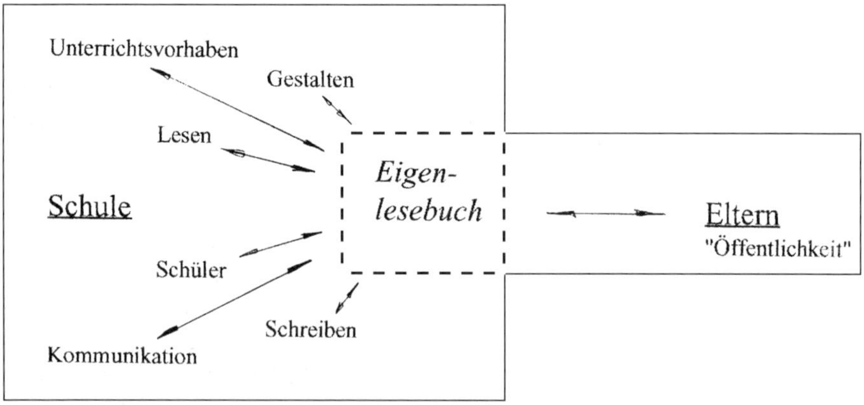

Ein von und mit den Schülern erstelltes Buch hat immer so etwas wie Öffentlichkeitscharakter. Es ist in der Regel nicht nur für den Schreiber (Produzenten) selbst bestimmt, sondern auch für die Öffentlichkeit, für einen Leser. Dies bedeutet, daß das Buch in eine bestimmte (schüleradäquate) ästhetische Form gebracht werden muß. Diese „schöne" Gestaltung des Buches bewirkt, daß die Kinder von ihren Eltern für ihr Buch in der Regel positiv verstärkt werden. Die Aufmerksamkeit der Bezugspersonen richtet sich auf ein vom Schüler erstelltes Produkt. Es hat also zudem die Funktion, das Selbstbewußtsein des Schülers zu stützen bzw. zu stärken.

Herstellung des Lesebuchs
Die Schüler können bei der Herstellung des Lesebuches vielfältige Fertigkeiten (sprechen, schreiben, lesen, schneiden, kleben, fotografieren) erwerben, einüben und verbessern. Bei der Herstellung eines Eigenlesebuches lassen sich die sonderpädagogischen Prinzipien der Ganzheitlichkeit, der Lebensnähe, des handlungsgebunden Lernens sowie des themenbereichsübergreifenden Arbeitens realisieren.

Bilderbuch
Bei der Herstellung des Buches sind die Schüler, abhängig vom jeweiligen Leistungsvermögen, in unterschiedlichem Maße selbst aktiv. Bei der Erstellung eines Bilderbuchs sammeln die Schüler Bilder, schneiden diese gegebenenfalls aus und kleben sie auf Papier auf. Wenn wir die Eltern rechtzeitig über unser Vorhaben informieren, tragen auch sie durch Lieferung geeigneter Bilder zum Anwachsen des Bilderbuchs bei. Hinzu kommen Bilder aus dem Unterricht oder außerschulischen gemeinsamen Aktivitäten. Jeder Schüler kann sich sein eigenes, individuelles Bilderlesebuch erstellen.
Die aufgeklebten Bilder werden zunächst in einem Ringordner (DIN A4 oder DIN A5) in Klarsichtfolien mit Vierfachlochung gesammelt und später zu einem Buch zusammengebunden.

Lesebuch mit eigenen Texten
In Erweiterung des Bilderbuches fügen wir nach und nach Signalwörter, Ganzwörter oder kurze Sätze als Bildunterschrift hinzu. Die Sinnentnahme wird durch die Bilder erleichtert. Die Bildunterschriften entsprechen dem Leistungsvermögen des einzelnen Schülers. So haben wir Schüler, die nur Bilder in ihrem Buch haben, andere Schüler haben in ihrem Buch einige Signal- und Ganzwörter und wieder andere lesen bereits kurze Texte in ihrem Buch.
In einer weiteren Steigerung kommt das eigene handschriftliche Schreiben, Drucken oder Stempeln von Wörtern und Sätzen hinzu. Beim Schreiben oder Drucken muß wieder das individuelle Leistungsvermögen der Schüler berücksichtigt werden. Auch hierbei gilt, daß die Texte die Interessen- und Bedürfnislage der Schüler treffen sollten.

Renate, 14 Jahre

Zunächst müssen wir die Schreibversuche der Schüler gelten lassen, auch wenn die Wörter z.T. falsch geschrieben sind. Wenn wir zu früh den Schülern zu verstehen geben, daß ihre selbst gefertigten Schriftprodukte fehlerhaft sind, also immer wieder von uns korrigiert und verbessert werden, nehmen wir ihnen die Lust und Freude am kreativen Umgang mit der Schrift. Erst später, wenn Wörter und Texte für eine größere Öffentlichkeit bestimmt sind, ist auf eine weitgehend korrekte Schreibweise zu achten. Beim Verfassen längerer Texte stellen die Schüler zunächst in ihren eigenen Worten den Inhalt mündlich dar. Diese mündlichen Äußerungen schreiben wir in Konzept und gut lesbar für den Schüler auf. Anschließend bringt der Schüler diesen Konzepttext in seine individuelle schriftliche Form. Durch dieses Verfahren ist gewährleistet, daß Wörter und Begriffe im Text vorkommen, die auch im aktiven Wortschatz der Schüler vorhanden sind.

Techniken der Texterstellung

Handschrift

Möglich sind Druckbuchstaben oder Schreibschrift. Bei Texten für die Öffentlichkeit sollte die Schrift in Ansätzen lesbar sein. Falls dies nicht der Fall ist, gibt es für den Schüler statt des Lobes nur Mißerfolgserlebnisse.

In Kroatien wirt
fil Fisch gegesen.

Jürgen, 15 Jahre

Tippen mit der Schreibmaschine/dem PC

In jedem Klassenzimmer sollte eine Schreibmaschine oder ein PC mit einfachem Textverarbeitungsprogramm zur Verfügung stehen. Es handelt sich um Alltagsgeräte, die in sehr vielen Haushalten vorhanden sind. Diese Geräte stellen legitime und bei den Schülern sehr begehrte Hilfsmittel zum Schreiben von Texten dar.

Dann sind wir weitergelaufen.
Den Berg run ter war es auch
ganz rutschig. Viele haben
dreckige Hosenund Schuhe
gekriegt. Bei Dettingen haben wir
wieder Pause gemacht. Flugzeuge
sind über uns geflogen. Dann ist
eine Eisfrau um die Ecke gefahren.
Herr Günthner hat ihr gewunken,
dann hat sie angehalten. Dann haben
wir ein Eis gekauft und haben es
gegessen.

Gemeinschaftsarbeit, Oberstufe

Stempeln mit Einzelbuchstaben
Vor allem für einzelne Wörter, Überschriften, Gedichte oder kurze Texte eignet sich dieses Verfahren.

Das Lächeln,
das du
aussendest,
kommt zu dir
zurück.

Willi, 14 Jahre

Das Wort wird Buchstabe für Buchstabe gestempelt. Die Geschwindigkeit beim Stempeln ist sehr gering, weil zunächst jeder einzelne Buchstabenstempel gesucht und nach dem Stempeln wieder in sein entsprechendes Fach eingeordnet werden muß.

Drucken
Diese Technik, die vor allem in der Grundschule und der Förderschule Einzug gehalten hat, hat auch in der Schule für Geistigbehinderte seine Berechtigung. Die Schüler setzen mit Buchstabenlettern Zeile für Zeile des Textes. Die Einzelzeilen werden aneinandergefügt und mit einer Abziehpresse gedruckt. Es handelt sich hier um eine anspruchsvolle Technik, zu der fortgeschrittene Kenntnisse und Fertigkeiten der Schüler nötig sind. Die entsprechenden Druckerzeugnisse, die hiermit allerdings zu erreichen sind, belohnen die Schüler für ihre Mühe.

Binden des Lesebuches

Nach dem Schreiben, Stempeln oder Drucken der Texte werden die einzelnen Seiten vervielfältigt und allen Schülern für ihr Eigenlesebuch zur Verfügung gestellt. Das Sammeln der Blätter erfolgt auch hier am besten wieder in Ringordnern und Klarsichtfolien, in denen die einzelnen Seiten schonend abzuheften sind. Nach Abschluß eines bearbeiteten Themenbereiches erstellen die Schüler in unterschiedlichen kreativen Techniken Deckblätter für das eigene Lese- und Arbeitsbuch. Um dem Eigenlesebuch eine gewisse Stabilität zu verleihen, sollte das Deckblatt und der Buchrücken aus Karton gestaltet sein. Zusätzlichen Schutz gewährt eine Plastikfolie. Hilfreich für die Orientierung im Buch ist die Numerierung der einzelnen Seiten. Die einzelnen Blätter müssen zum Abschluß – damit es ein richtiges Buch wird – noch zusammengebunden werden. In der Praxis hat sich die Ringbindung bewährt. Hierzu werden die Blätter an einem Rand gestanzt und mit einem Plastikbinderücken zusammengefaßt. Diese Ringbindung wird zum Preis von ca. 4,00 DM (50 Blatt) von jedem Copy-Shop übernommen.

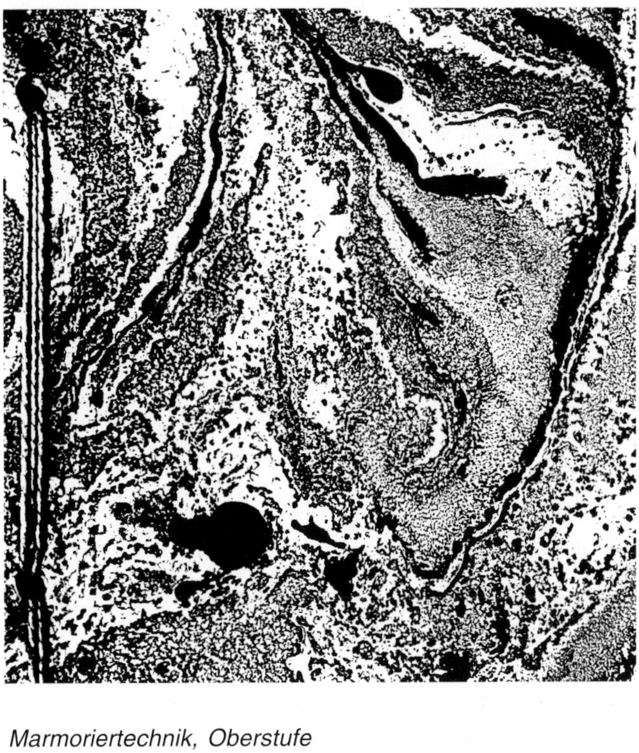

Marmoriertechnik, Oberstufe

Zum Preis von ungefähr 400,00 DM kann sich die Schule ein eigenes Bindegerät anschaffen, womit auch der Bindevorgang von den Schüler aktiv übernommen wird (Ganzheitlichkeit).

Zusammenfassung

Die Schüler bestimmen über Inhalt und Gestaltung des Eigenlesebuchs mit.

Die Inhalte sind der schulischen und häuslichen Erlebniswelt der Schüler entnommen. Die Schüler werden dadurch in ihrer Realität ernstgenommen.

Eigenlesebücher können viel mehr den individuellen Leistungsstand der Schüler treffen als gekaufte Bücher.

Durch die Verwendung von Bildern, Symbolen, Signal- und Ganzwörtern sowie Texten, wird der Heterogenität der Schülervoraussetzungen entsprochen.

Lesen und Schreiben lernen erfolgt themenbereichsübergreifend und nicht nur im isolierten Lese- und Schreibunterricht.

Die Lese- und Schreibmotivation wird durch die Herstellung und Verwendung eines Eigenlesebuches im Unterricht erhöht, das Selbstbewußtsein gesteigert. Die Herstellung eines Eigenlesebuches ermöglichen den Schülern vielfältige manuelle und kreative sowie themenbereichsübergreifende und ganzheitliche Aktionsmöglichkeiten (malen, fotografieren, schreiben, drukken, Deckblatt gestalten, binden, ...) Unterricht in der Schule für Geistigbehinderte wird transparenter, weil die Öffentlichkeit (Eltern) Einsicht in Inhalte des schulischen Arbeitens erhält.

Literatur

Andresen, Ute/Popp, Monika:
ABC – und alles auf der Welt. Ein Lese-Schatz-Buch
Ravensburg, Otto Maier Verlag

Bildungsplan der Schule für Geistigbehinderte in Baden-Württemberg
Lehrplanheft 5/1982
Villingen-Schwenningen, Neckar-Verlag

Berres-Weber, Anneliese:
Geistigbehinderte lesen ihren Stundenplan
Dortmund 1995, verlag modernes lernen

Blumenstock, Leonhard:
Handbuch der Leseübungen
Vorschläge und Materialien zur Gestaltung des Erstleseunterrichts mit Schwerpunkt im sprachlich-akustischen Bereich
Weinheim, Beltz

Blumenstock, Leonhard/Renner; Erich (Hrsg.):
Freies und angeleitetes Schreiben
Beispiele aus dem Vor- und Grundschulalter
Weinheim, Beltz

Brinkmann, Erika/Brügelmann, Hans:
Wie lernen Kinder Lesen und Schreiben?
Offenheit mit Sicherheit
Ideen-Kiste 1

Brügelmann, Hans:
Kinder auf dem Weg zur Schrift
Eine Fibel für Lehrer und Laien
Libelle Verlag, 1989

Dank, Susanne:
Geistigbehinderte lernen ihren Namen lesen und schreiben
Dortmund 1988, verlag modernes lernen

Fischer, Dieter:
Eine Methodische Grundlegung
Verlag Dürr und Kessler, 1981

Gaber, Holle-Katrin/Eberwein, Hans:
Ein Kind lernt schreiben
Stuttgart, Metzlersche Buchhandlung

Günthner, Werner/Lanzinger, Heinrich:
„Sinn“volles Lesen und Schreiben
Überlegungen zum Lese- und Schreibunterricht an der Schule für Geistigbehinderte
In: Klöpfer, Siegfried: Sonderpädagogik praktisch
Reutlingen, Diakonie-Verlag

Haug, Christine/Heuchel, Brigitte:
Lesen, Schreiben und Rechnen mit geistig Behinderten
Handbuch zur Didaktik der Kulturtechniken
Wien 1984, Jugend und Volk

Heidelberger Pädagogische Hefte:
Das Schreibenlernen in der ersten Klasse
Heidelberg 1997, Lamy

Hublow, Christoph:
Lebensbezogenes Lesenlernen bei geistig behinderten Schülern
In: Geistige Behinderung, Heft 2/1985, Praxisteil

Junga, Michael:
Kombispiele zum ABC
Verlag Sigrid Persen, Horneburg

Kretschmann, Rudolf:
Erlebnisbezogene Lese- und Schreibförderung
In: Zeitschrift für Heilpädagogik, Heft 7/1998, S. 306 – 321

Lenz, Ellen:
Umgang mit Zeichen
In: Praxis-Info G, Heft 3/1989, S.17 – 57

Lernen konkret:
Kursheft: Lesen lernen
Heft 2/1984

Mahlstedt, Dagmar:
Lernkiste Lesen und Schreiben
Fibelunabhängige Materialien zum Lesen- und Schreibenlernen für Kinder mit Lernschwächen
Weinheim, Beltz

Meder, Andrea:
Auch für Geistigbehinderte: Lesen-lernen gehört in die erste Reihe
In: Zusammen, Heft 10/1989

Menzel, Wolfgang:
Lesen lernen – schreiben lernen
Braunschweig, Westermann

Metze, Wilfried:
Differenzierung im Erstleseunterricht
Frankfurt, Cornelsen

Müller, Heiner:
Lesepuzzles und Lesedomino
Verlag Sigrid Persen, Horneburg

Oberacker, Peter:
Sprechen, Lesen und Schreiben mit geistig Behinderten
Villingen-Schwenningen 1990, Neckar-Verlag

Pauli Sabine/Kisch, Andrea:
Geschickte Hände
Dortmund 1996, verlag modernes lernen,

Poppen, Hermann:
Mandalas und Schreibspaß
Fürth 1997, Schwager und Steinlein

Rieger, E.:
Von der Hand in den Mund und das Gehirn oder
Das Mund-Hand-System
In: Pädagogische Impulse, Heft 4/1994, S. 246 – 248

Rosenfeldt; Klaus:
„Ich trau mich schreiben"
Überlegungen zum Schreibenlernen unter erschwerten Bedingungen
In: Klöpfer, Siegfried: Sonderpädagogik praktisch
Reutlingen, Diakonie-Verlag

Sassenroth, Martin:
Schriftspracherwerb. Entwicklungsverlauf, Diagnostik und Förderung
Bern, Stuttgart 1991, Haupt

Saussele, Eva:
„Bilder sind Briefe, die man an sich selbst schreibt."
Gedanken zum Zusammenhang von Malen und Schreiben.
In: VDS Edition 3, Fachverband für Behindertenpädagogik Baden-Württemberg: Bausteine zur Förderung der Kommunikation im Bereich Sprechen, Lesen, Schreiben; 1998

Schmitz, Gudrun, u.a.:
Geistigbehinderte lernen lesen und schreiben
Köln, Dürr und Kessler

Staatsinstitut für Schulpädagogik und Bildungsforschung München (Hrsg.):
Erstlesen
Handreichung für sonderpädagogische Diagnose- und Förderklassen
Vertrieb:
Verein für Sonderpädagogik e.V.
Günterslebener Str. 29
97222 Rimpar

Staatsinstitut für Schulpädagogik und Bildungsforschung München (Hrsg.):
Erstschreiben Handreichung für sonderpädagogische Diagnose- und Förderklassen Vertrieb: s.o.

Staatsinstitut für Schulpädagogik
Lehrplan + Materialien für den Unterricht in der Schule für geistig Behinderte
München 1982

Stolz-Vahle, Margit:
Das lustige Buchstaben-Liederbuch
Wehrheim, Verlag gruppenpädagogischer Literatur

Thamm, Jürgen:
Texte verfassen mit geistig- und lernbehinderten Jugendlichen
Ein identitätsorientiertes Konzept offenen Unterrichts
Bad Heilbrunn, Klinkhardt

Wischmeyer, Marietta/Nonn, Brigitte:
„Zweimal die Woche ist SI“ Lernstationen zur unterrichtsimmanenten Förderung sensorischer Integration beim Erstlesen und Rechnen mit geistig behinderten Schülern In: Zeitschrift für Heilpädagogik, Heft 12/1994, S. 877 – 883

Leselehrgänge

Leonhardt, H./Ruoff, E.:
Lebenspraktisches Lesen
Pfullingen, Karl Schmid Schulfachverlag

Moertl-Rangnick, R./Günthner, W./Lanzinger, H.:
Die kleine Fibel
Für Kinder, die das Lesen langsamer lernen
Schülerbuch, Kopiervorlagen, Lehrerhandbuch
Köln, Dürr und Kessler

Schultze, I./Hipp, W.:
Lesen mit Lo 1 – 4
Bonn, Dürr und Kessler

Marx, U./Steffen, G.:
Lesenlernen mit Hand und Fuß
Horneburg, Sigrun Persen

Verlagsadressen für Freiarbeitsmaterialien

AOL Verlag
Waldstraße 18
77839 Lichtenau

Pädagogische Initiative Motiviertes Lernen
Hördter Straße 33
58455 Witten

Beenen-Lehrmittel
Issumer Weg 19
46519 Alpen

Verlag Sigrid Persen
Dorfstraße 14
21640 Horneburg

Spectra Lehrmittel Verlag
Beckenkamp 25
46263 Dorsten

Wehrfritz
Postfach 1107
96473 Rodach bei Coburg

Reinhard Hail Lehrmittel
Eifelstraße 20
72766 Reutlingen

Widmaier
Postfach 32
73714 Esslingen

Raum für Notizen: